Feuer und Flamme für Waffeln & Crêpes

Heiß, duftend und knusprig – so begeistern sie schon seit vielen Generationen groß und klein. Die beliebten Klassiker aus dem schlichten Teig bieten Vielfalt und Abwechslung.
Pikant oder süß – mit immer neuen Zutaten oder Beilagen raffiniert kombiniert, passen sie sich allen Gelegenheiten an. Ob zum Frühstück, als Hauptmahlzeit, Dessert oder einfach als Snack zwischendurch – Waffeln und Crêpes schmecken einfach immer gut.

Die Farbfotos gestalteten
Odette Teubner
und Kerstin Mosny.

INHALT

Waffeln historisch

Das Waffelbacken ist schon eine alte Kunst, denn seit vielen hundert Jahren werden in Europa die heißen Waffeleisen geschwenkt. Welche Nation zuerst damit angefangen hat und wann das war, ist heute nicht mehr bekannt.
Die Vorläufer der heutigen Waffeln waren vermutlich die hauchdünnen Oblaten der katholischen Kirche. Sie wurden schon – ähnlich wie heute die zarten Zimtwaffeln – in speziellen Waffeleisen gebacken. Diese Oblateneisen wurden im Laufe der Zeit immer kunstreicher geschmiedet – die Backflächen bekamen üppige Verzierungen und vielfältige bildliche Darstellungen. Einen Abglanz des damaligen Formenreichtums hat noch unser heutiges Zimtwaffeleisen bewahrt, mit dem man sehr dekorative Waffeln herstellen kann. Das heute so bekannte Wabenmuster, die Grundstruktur der meisten modernen Waffelautomaten, entstand vermutlich um 1500. Mit Hilfe der Wabenmustereisen konnte man dickere, und damit sättigendere Waffeln backen als in den Oblateneisen. Die schweren handgeschmiedeten Waffeleisen funktionierten schon damals – mit Hilfe eines Scharniers und zusammenklappbarer Backflächen – wie unsere modernen Geräte. Allerdings mußte man wesentlich mehr Kraft, Geschick und Übung aufbringen, um in den kiloschweren Eisen über offenem Feuer gleichmäßige Waffeln zu backen.

Im Laufe der folgenden Jahrhunderte entwickelte sich die Technik des Waffelbackens weiter. Unsere Urgroßmütter konnten zum Beispiel schon in die Ringeinsätze ihrer Küchenherde ein rundes schwenkbares Waffeleisen einhängen. Der Teig wurde eingefüllt, die Backflächen wurden geschlossen und die Waffeln bekamen die nötige Backhitze von unten. Dann wendete man das drehbare Eisen um 180° – und die obere Waffelseite konnte braun und knusprig werden.

In vielen Ländern sind Waffeln seit alters her bekannt. Je nach Land variierten auch die traditionellen Waffeleisen. Die Engländer waren ihre »Wafels« aus runden Eisen gewöhnt, die Holländer und Belgier bevorzugten rechteckige Eisen für dicke, üppige Waffeln.

Waffelbacken heute

Heute ist Waffelbacken ganz einfach. Wir können unter verschiedenen elektrischen Geräten wählen und die Waffeln

Des Feuers Gluten brauchen diese beiden Waffeleisen. Links das schwenkbare Eisen unserer Urgroßmütter, rechts ein modernes Exemplar aus Frankreich.

bei konstanter Temperatur schön gleichmäßig backen. Wie früher wird das Eisen gefettet, wenn es die richtige Temperatur erreicht hat. Sie sollten das Eisen dann mit Hilfe des Backpinsels ganz dünn mit Öl oder Butter, besser noch mit Butterschmalz ausstreichen. Dann füllen Sie den Teig ein, schließen das Waffeleisen und warten, bis kein Dampf mehr entweicht. Denn je nach eingestellter Temperatur ist die Waffel dann fertig – das kann 2–6 Minuten dauern.
Die Teige, aus denen Waffeln gebacken werden, können erstaunlich unterschiedlich sein. So können Rühr-, Biskuit- oder Hefeteige die Grundlage zu künftigen Waffeln bilden. Die Teige müssen dann allerdings etwas flüssiger sein als zum Kuchenbacken. Versprechen schon die Teige Vielfalt, so eröffnen sich durch die Verwendung verschiedenster Zutaten und Beilagen gar ungeahnte Möglichkeiten: aromatische Früchte, frisch oder tiefgekühlt, mit Sahne oder Crème fraîche verfeinert oder Schinken und Käse können Waffeln immer neue Geschmacksrichtungen geben. So passen sie sich – pikant oder süß – jeder kulinarischen Gegebenheit an.
Gesellig und unterhaltsam ist auch ein Waffelessen für Gäste. Mehr als 6 Gäste sollten Sie für ein Waffelessen allerdings nur einladen, wenn Sie 2 Geräte besitzen, die Sie dann gleichzeitig verwenden.
Übrigens: Nach dem letzten Benutzen sollten Sie das Waffeleisen geöffnet auskühlen lassen, die Teigreste ausbürsten und das Gerät außen feucht abwischen.

Crêpes: Tips & Tricks zu gutem Gelingen

Crêpes sind die französischen Verwandten der deutschen Eierkuchen beziehungsweise Pfannkuchen. Es ist noch gar nicht so lange her, daß die Crêpes in unser kulinarisches Leben traten. Lediglich die berühmten Crêpes Suzette wurden in den feinen Restaurants schon als edles Dessert serviert. Heute allerdings gibt es in vielen Städten Crêperien mit breitem Angebot und auf Jahrmärkten und Stadtteilfesten sind die Crêpesstände dicht belagert.
Riesige Unterschiede zwischen Pfannkuchen und Crêpes gibt es nicht: Nur die Mengenverhältnisse zwischen Mehl, Eiern und Flüssigkeit variieren und machen zum Beispiel die Crêpes besonders zart und dünn, während die deutschen Pfannkuchen etwas dicker werden.
Wie Waffeln passen Crêpes zu jeder Tageszeit und zu jeder Gelegenheit. Süß oder pikant gefüllt, schmecken sie zum Frühstück, als Zwischenmahlzeit, als Vorspeise oder Hauptgericht und natürlich als Dessert.
Crêpesteig sollte immer mindestens 1/2 Stunde ruhen, besser aber 1–2 Stunden, damit das Mehl genügend ausquellen kann. Wenn Sie Ihre Crêpes in der Pfanne backen, muß diese erst heiß werden. Gradmesser ist ein Wassertropfen, den Sie hineinspritzen. Wenn er sofort verdampft, hat die Pfanne die richtige Temperatur.
Jetzt können Sie Boden und Rand der Pfanne ganz leicht mit zerlassener Butter oder Pflanzenöl ausstreichen.
Nehmen Sie dazu am besten einen Backpinsel mit Naturhaarborsten.
Damit Sie gleichzeitig mit der Familie oder Ihren Gästen essen können, sollten Sie die Crêpes nacheinander backen und dann bis zum Füllen warm halten. Stellen Sie dazu eine Pfanne mit Deckel bereit und lassen Sie sie bei schwacher Hitze warm werden. Die fertigen Crêpes dann hineinlegen und jeweils zudecken. Wenn Sie die Crêpes nämlich im vorgeheizten Backofen warm halten wollen, werden sie meist trocken und spröde. In der Pfanne schützt sie der Deckel vor dem Austrocknen – die Crêpes bleiben zart und weich.
Übriggebliebene Crêpes können Sie problemlos einfrieren, später bei Zimmertemperatur wieder auftauen, füllen und im Backofen heiß werden lassen.
Wenn Ihnen salzige Crêpes übrigbleiben, können Sie diese auch in schmale Streifen schneiden und als delikate Suppeneinlage in einer heißen Brühe servieren.

Geräte für Waffeln

Das wohl bekannteste Waffeleisen ist ein Gerät, in dem man eine annähernd runde Waffelplatte backen kann, die sich dann in 5 Herzen teilen läßt. Sie können natürlich jeden Teig, der in diesem Buch für

Waffeln anderer Automaten angegeben ist, auch im Gerät für Herzwaffeln backen.
Ein weiterer beliebter Waffelautomat ist das Eisen für Brüsseler Waffeln. Hier gibt es zwei Versionen. Der »normale« Waffelautomat bäckt zwei dicke rechteckige Waffeln. In ihn paßt eine viel größere Teigmenge als in den Automaten für Waffelherzen. Mit zwei Waffeln aus dem Brüsseler Eisen und entsprechender Beilage können Sie eine ganze Mahlzeit bestreiten. Die andere unbekanntere Version des Brüsseler Waffelautomaten hat eine Einteilung für vier rechteckige Waffeln und bäckt diese dünner als der normale Brüsseler Waffelautomat, nämlich etwa so dick wie Waffelherzen. Dieses Eisen ist hervorragend geeignet, um pikante Waffeln zu backen. Natürlich können Sie auch alle Rezepte für Herzwaffeln oder Zimtwaffeln in den beiden Brüsseler Eisen backen. Die dekorative Zimtwaffel wird im Zimtwaffelautomaten gebacken, der ihr ein feines ornamentales Muster aufdrückt. Zimtwaffeln sind die »vornehmsten« Waffeln. Zart und dünn eignen sie sich besonders als Gebäck zu Tee und Kaffee. Im Automaten können Sie eine Waffelplatte backen und diese dann in 6 Waffeln teilen.
Für viele Leute ist der Begriff Waffel synonym mit der Eiswaffeltüte. Eiswaffeltüten oder gerollte Eiswaffeln können Sie auch zu Hause im sogenannten Hörnchenautomaten backen. Es entstehen darin runde, sehr dünne und biegsame Waffelplatten, die heiß ganz weich und formbar sind. Am besten ziehen Sie zum Formen einen Backhandschuh an und rollen die Tüte oder das Röllchen gleich vom heißen Eisen weg

Wer die Wahl hat, hat die Qual! Von links nach rechts: Brüsseler Waffelautomat für 4 dünnere Waffeln, »normaler« Brüsseler Waffelautomat, Zimtwaffelautomat, Herzen-Waffelautomat (Herstellernachweise Seite 64).

Und zum guten Gelingen noch mehr Gerätekunde . . . Von links nach rechts: Hörnchenautomat, Crêpes-Automat, Crêpespfanne (Herstellernachweise Seite 64).

in Form. Ich behalte die gerollte Waffel einen Moment in der behandschuhten Hand, dann bleibt sie, wie sie sein soll.

Geräte für Crêpes

Für Pfannkuchen und Crêpes sind schwere oder beschichtete Pfannen ideal. Für Crêpes gibt es auch spezielle Pfannen mit ganz ebenem Boden. Wenn die Pfanne heiß genug ist und mit Fett ausgestrichen wurde (siehe Seite 5), wird mit dem Schöpflöffel etwas Teig eingefüllt. Durch Schwenken wird der Teig nun gleichmäßig auf dem Pfannenboden verteilt. Die Crêpes müssen überall gleich dünn sein, damit sie gleichmäßig backen. Bevor Sie eine Crêpespfanne zum erstenmal verwenden, sollten Sie einige Millimeter hoch gutes Pflanzenöl einfüllen und es bei schwacher Schaltstufe erhitzen, bis es beginnt, dunkel auszusehen. Dann ist die Pfanne gut vorbereitet. Nach jedem Backen sollten Pfannen nicht abgewaschen werden, denn Pfannen, bei denen sich ein feiner Oberflächenfilm gebildet hat, garantieren ein gutes Backergebnis. Der Crêpes-Automat ist eine »Pfanne mit eingebauter Heizung«. Sie tauchen die heiße Oberfläche in den Teig und heben das Gerät gleich wieder heraus. Nach kurzer Übungszeit können Sie mit dem Crêpes-Automaten hauchdünne Crêpes backen. Wenn der Teig auf einer Seite fertig ist, kann er ganz leicht abgehoben werden und auf der anderen Seite weiterbacken. Wenn Sie den Teig mit frischen Kräutern angereichert haben, ist es besser, den Teig nur auf einer Seite zu backen – dann sehen die Crêpes besonders appetitlich und verführerisch aus!

Schnelle Waffeln mit Sahne

Zutaten für etwa 60 Waffelherzen:
Für die Waffeln:
200 g Mehl
3 Eier
1 Prise Salz
1 Eßl. Olivenöl
1 Eßl. Rum nach Belieben
40 g Zucker
1/4 l Milch
Für die Dekoration:
400 g Sahne
20 g Zucker
1 Eßl. Vanillezucker
Pflanzenöl oder Butterschmalz für das Waffeleisen

Einfach • Preiswert

Pro Stück etwa:
200 kJ/48 kcal
1 g Eiweiß · 3 g Fett
4 g Kohlenhydrate

- Zubereitungszeit: etwa 3/4 Stunde

1. Für die Waffeln das Mehl in eine Schüssel sieben. Die Eier in Eiweiße und Eigelbe trennen. Die Eiweiße mit der Prise Salz zu steifem Schnee schlagen.

2. Das Öl und den Rum nach Belieben zusammen mit dem Zucker und den Eigelben unter das Mehl rühren. Nach und nach die Milch dazugeben, dabei weiterrühren, damit keine Klumpen entstehen. Den Eischnee vorsichtig unter den Teig heben.

3. Das Waffeleisen erhitzen und einfetten. Etwas Teig in das Eisen gießen, die Form schließen und den Teig in 2–3 Minuten backen, bis die Waffeln hellbraun und knusprig sind. In gleicher Weise nacheinander alle Waffeln backen.

4. Die fertig gebackenen Waffeln auf einem Kuchengitter etwas abkühlen lassen, dann mit einem scharfen Messer trennen und die überstehenden Kanten abschneiden.

5. Für die Dekoration die Sahne mit dem Zucker und dem Vanillezucker steif schlagen. In einen Spritzbeutel mit Sterntülle füllen und auf jede Waffel einen Sahnetupfen spritzen. Nach Belieben mit etwas Zimt bestäuben.

Sultaninenwaffeln

Zutaten für etwa 30 Stück im normalen Brüsseler Waffelautomaten für je 2 Waffeln:
250 g Sultaninen (ungeschwefelt)
400 g Mehl
3 Eier
1 Prise Salz
30 g Zucker
1 Eßl. Vanillezucker
1/2 l Milch
200 g Sahne
Pflanzenöl oder Butterschmalz für das Waffeleisen

Schnell • Gelingt leicht

Pro Stück etwa:
500 kJ/120 kcal
4 g Eiweiß · 4 g Fett
17 g Kohlenhydrate

- Zubereitungszeit: etwa 1 Stunde

1. Die Sultaninen waschen und mit Küchenkrepp trockentupfen. Das Mehl zu den Sultaninen sieben.

2. Die Eier mit dem Salz, dem Zucker und dem Vanillezucker weißschaumig schlagen.

3. Abwechselnd den Eischaum, die Milch und die Sahne zum Mehl geben und alles gut verrühren.

4. Das Waffeleisen erhitzen und einfetten. Die Sultaninen im Teig vor jedem Backen gleichmäßig verrühren. Mit einem Eßlöffel den Teig in das Eisen geben und die Sultaninen gleichmäßig verteilen. Die Form schließen und den Teig in 2–3 Minuten backen, bis die Waffeln hellbraun und knusprig sind. In derselben Weise alle weiteren Waffeln backen.

5. Die fertig gebackenen Waffeln auf einem Kuchengitter etwas abkühlen lassen, dann mit einem scharfen Messer trennen und die überstehenden Kanten abschneiden.

Im Bild oben: Sultaninenwaffeln
Im Bild unten: Schnelle Waffeln mit Sahne

Biskuitwaffeln mit Sahne

Zutaten für etwa 50 Waffelherzen:
Für die Waffeln:
5 Eier
1 Prise Salz
3 Eßl. warmes Wasser
100 g Zucker
1 Eßl. Vanillezucker
100 g Mehl
100 g Speisestärke
1 Teel. Backpulver
Für die Dekoration:
200 g Sahne
2 Eßl. Zucker
Pflanzenöl oder Butterschmalz für das Waffeleisen

Preiswert • Schnell

Pro Stück etwa:
220 kJ/52 kcal
2 g Eiweiß · 3 g Fett
6 g Kohlenhydrate

- Zubereitungszeit: etwa 1 Stunde

1. Für die Waffeln die Eier trennen, die Eiweiße mit dem Salz zu steifem Schnee schlagen. Die Eigelbe mit dem warmen Wasser schlagen, den Zucker und den Vanillezucker einrieseln lassen und das Ganze weißschaumig aufschlagen.

2. Das Mehl mit der Speisestärke und dem Backpulver mischen und über den Eigelbschaum sieben. Die Mehlmischung mit dem Eischnee zusammen unterziehen.
Die Masse nicht ruhen lassen, sondern sofort verarbeiten.

3. Das Waffeleisen erhitzen und gut einfetten. Mit einem Eßlöffel die Masse gleichmäßig im Eisen verteilen. Die Form schließen und den Teig in 2–3 Minuten backen, bis die Waffeln hellbraun und knusprig sind. Auf dieselbe Weise nacheinander alle Waffeln backen. Nach jedem Backen die Form leicht einfetten.

4. Die fertig gebackenen Waffeln auf einem Kuchengitter etwas abkühlen lassen, dann mit einem scharfen Messer trennen und die überstehenden Kanten abschneiden.

5. Für die Dekoration der Biskuitwaffeln die Sahne mit dem Zucker schlagen und das Gebäck mit der süßen Sahne servieren.

Sandwaffeln

Zutaten für etwa 50 Waffelherzen:
200 g weiche Butter
100 g Zucker
1 Prise Salz
2 Eßl. Vanillezucker
3 Eier
200 g Mehl
1 Teel. Backpulver
3 Eßl. Rum
Pflanzenöl oder Butterschmalz für das Waffeleisen

Gelingt leicht • Schnell

Pro Stück etwa:
270 kJ/64 kcal
1 g Eiweiß · 4 g Fett
5 g Kohlenhydrate

- Zubereitungszeit: etwa 45 Minuten

1. Die Butter mit dem Zucker, dem Salz und dem Vanillezucker zusammen schaumig rühren, die Eier nacheinander dazugeben.

2. Das Mehl mit dem Backpulver mischen und über den Schaum sieben. Mit dem Rum zusammen unter die Buttermasse ziehen.

3. Das Waffeleisen erhitzen und einfetten. Mit einem Eßlöffel den Teig in das Eisen geben. Die Form schließen und den Teig in 2–3 Minuten backen, bis die Waffeln hellbraun und knusprig sind. In derselben Weise alle Waffeln backen.

4. Die fertig gebackenen Waffeln auf einem Kuchengitter etwas abkühlen lassen, dann mit einem scharfen Messer trennen und die überstehenden Kanten abschneiden.

Tip!

Diese Waffeln halten sich lange frisch, wenn sie in einer dichtschließenden Dose aufbewahrt werden.

Im Bild oben: Biskuitwaffeln mit Sahne
Im Bild unten: Sandwaffeln

Feine Waffeln mit Kirschsauce

Zutaten für etwa 70 Waffelherzen:
Für die Creme:
100 g Sauerkirschen
50 g Zucker
1 Zimtstange
1/8 l Rotwein (ersatzweise Kirschsaft)
1 Eßl. Speisestärke
Für die Waffeln:
150 g weiche Butter
150 g Zucker
1 Teel. Vanillezucker
1 Zitrone (unbehandelt)
4 Eier
250 g Mehl
250 g Sahne
1 Prise Salz
Pflanzenöl oder Butterschmalz für das Waffeleisen

Raffiniert
Gelingt leicht

Pro Stück etwa:
270 kJ/64 kcal
1 g Eiweiß · 4 g Fett
7 g Kohlenhydrate

- Zubereitungszeit: etwa 1/2 Stunde

1. Für die Sauce die Kirschen waschen und entsteinen. Einige Früchte grob hacken, die restlichen Kirschen mit dem Zucker und dem Zimt in etwa 0,1 l Rotwein (oder Kirschsaft) etwa 10 Minuten bei schwacher Hitze köcheln. Die Speisestärke im restlichen Rotwein verrühren. Die Zimtstange aus dem Kompott nehmen, die Speisestärke zu den Kirschen geben und alles einmal aufkochen lassen.

2. Die Kirschen mit dem Pürierstab oder im Mixer pürieren, dann die beiseite gelegten Kirschenstücke dazugeben und das Püree auskühlen lassen.

3. Für die Waffeln die weiche Butter mit dem Zucker und dem Vanillezucker schaumig rühren. Die Zitrone waschen und abtrocknen. Die Schale abreiben, die Zitrone auspressen und die gesamte abgeriebene Schale mit zwei Eßlöffeln Zitronensaft zur Buttermischung geben.

4. Die Eier in Eiweiße und Eigelbe trennen. Das Mehl sieben und abwechselnd mit den Eigelben und der Sahne in den Butterschaum rühren.

5. Die Eiweiße mit dem Salz steif schlagen und ebenfalls vorsichtig, aber gründlich unterheben.

6. Das Waffeleisen erhitzen und einfetten. Mit einem Eßlöffel den Teig in das Eisen geben und glattstreichen. Die Form schließen und den Teig in 2–3 Minuten backen, bis die Waffeln hellbraun und knusprig sind. In derselben Weise alle Waffeln backen.

7. Die fertig gebackenen Waffeln auf einem Kuchengitter etwas abkühlen lassen, mit einem scharfen Messer trennen und die überstehenden Kanten abschneiden.

8. Die Waffeln mit der Kirschsauce anrichten.

Marzipanwaffeln

Zutaten für etwa 50 Waffelherzen:
200 g Marzipanrohmasse
0,3 l Milch
200 g Mehl
2 Eier
1 Prise Salz
50 g Zucker
50 g Mandeln, gehobelt
Pflanzenöl oder Butterschmalz für das Waffeleisen

Für Gäste • Schnell

Pro Stück etwa:
220 kJ/52 kcal
2 g Eiweiß · 2 g Fett
6 g Kohlenhydrate

- Zubereitungszeit: etwa 1 Stunde

1. Das Marzipan ganz klein würfeln. Mit der Milch verrühren, bis es sich aufgelöst hat. Das Mehl sieben und mit den Eiern, dem Salz und dem Zucker zur Marzipanmilch geben und glatt verrühren.

2. Das Waffeleisen stark erhitzen und einfetten. Einige Mandelblättchen in das Eisen streuen. Etwas Teig in das Eisen geben, die Form schließen und den Teig in 2–3 Minuten backen, bis die Waffeln hellbraun und knusprig sind.

3. Die fertigen Waffeln auf einem Kuchengitter etwas abkühlen lassen und mit einem scharfen Messer trennen.

Im Bild oben:
Feine Waffeln mit Kirschsauce
Im Bild unten: Marzipanwaffeln

Waffeln mit Vanilleeis

Zutaten für etwa 12 Stück im Hörnchenautomaten:
Für das Eis: 250 g Sahne
2 Eier · 3 Eßl. Zucker
1 Prise Salz · 2 Eßl. Vanillezucker
Für die Waffeltüten: 60 g Zucker
0,1 l heißes Wasser
50 g weiche Butter · 1 Ei
100 g Mehl
Für die Dekoration: 100 g Kuvertüre
Pflanzenöl für das Waffeleisen
1 Kegel (Konditoreibedarf) zum Formen

Gelingt leicht
Braucht etwas Zeit

Pro Stück etwa:
1000 kJ/250 kcal
5 g Eiweiß · 16 g Fett
20 g Kohlenhydrate

- Gefrierzeit: 6–10 Stunden
- Zubereitungszeit: etwa 3 1/2 Stunden (davon 2 Stunden Ruhezeit)

Tip!

Im Konditoreibedarf (Branchenfernsprechbuch) können Sie spezielle Hörnchenformen und Kegel kaufen, mit deren Hilfe Sie die Waffeln zu Tüten drehen können. Sie können sich natürlich auch selber Kegel aus Karton oder Holz basteln. Ziehen Sie beim Formen der heißen Waffeltüten Backhandschuhe (Topfhandschuhe) an, damit Sie sich nicht die Finger verbrennen!

1. Für das Eis die Sahne steif schlagen. Die Eier mit dem Zucker, dem Salz und dem Vanillezucker weißschaumig schlagen und unter die Schlagsahne ziehen. Die Masse im Tiefkühlgerät in einer Metall- oder Plastikschüssel in 6–10 Stunden gefrieren lassen.

2. Für die Waffeln den Zucker in dem heißen Wasser auflösen und dieses dann abkühlen lassen. Die Butter schaumig rühren, das Ei dazugeben und das abgekühlte Zuckerwasser in dünnem Strahl dazugießen. Das Mehl sieben und unterrühren. Den Teig etwa 2 Stunden ruhen lassen.

3. Den Automaten erhitzen und etwas einfetten. Etwas Teig hineinstreichen. Die Form schließen und den Teig in 2–3 Minuten hellbraun und knusprig backen. Backhandschuhe anziehen. Die fertige Waffel noch heiß über einem Kegel (siehe Tip) zu einer Tüte drehen und kurz so festhalten, damit sie sich nicht entrollt.

4. Die Kuvertüre im Wasserbad schmelzen lassen. Den oberen Rand der erkalteten Tüten in die Kuvertüre tauchen und die kleinen Öffnungen in den Spitzen damit verschließen. Mit dem Eisportionierer Kugeln aus dem Eis formen und in die Waffeltüte geben.

Rührteig-waffeln mit Weincreme

Zutaten für etwa 60 Waffelherzen:

Für die Creme:
- *1 Zitrone (unbehandelt)*
- *5 Stück Würfelzucker*
- *1/8 l Weißwein*
- *70 g Zucker*
- *3 Eigelbe*

Für die Waffeln:
- *200 g Mehl*
- *150 g weiche Butter*
- *150 g Zucker*
- *1 Eßl. Vanillezucker*
- *3 Eier*
- *1 Prise Salz*
- *1/8 l Milch*
- *Pflanzenöl oder Butterschmalz für das Waffeleisen*

Für Gäste
Braucht etwas Zeit

Pro Stück etwa:
340 kJ/81 kcal
2 g Eiweiß · 4 g Fett
8 g Kohlenhydrate

- Marinierzeit: etwa 12 Stunden
- Zubereitungszeit: etwa 3 1/2 Stunden (davon 3 Stunden Kühlzeit)

Tip!

Diese Waffeln schmecken ganz frisch am köstlichsten.

1.. Für die Creme die Zitrone heiß abwaschen und trockenreiben. Mit den Zuckerwürfeln die Schale kräftig abreiben, dann die Frucht auspressen. Die Zuckerwürfel in dem Wein auflösen und 2 Eßlöffel Zitronensaft dazugeben. Die Mischung über Nacht zugedeckt durchziehen lassen.

2. Den Zucker mit den Eigelben in einer Schüssel mit den Quirlen des Handrührgeräts weißschaumig schlagen, in ein heißes Wasserbad stellen und etwa 10 Minuten weiterschlagen. Dann den Wein unterschlagen. Die Masse aus dem Wasserbad nehmen und etwa 2 Minuten weiterschlagen, dann kühl stellen.

3. Für die Waffeln das Mehl sieben. Die Butter schaumig rühren, den Zucker und den Vanillezucker einrieseln lassen. Nach und nach mit den Eiern, dem Salz, dem Mehl und der Milch verrühren. Das Waffeleisen erhitzen und einfetten. Mit einem Eßlöffel den Teig in das Eisen geben und glattstreichen.

4. Die Form schließen und den Teig in 2–3 Minuten hellbraun und knusprig backen. Die Waffeln auf einem Kuchengitter etwas abkühlen lassen, dann mit einem scharfen Messer trennen und die überstehenden Kanten abschneiden. Die Waffeln mit der Weincreme anrichten.

Mandelwaffeln mit Preiselbeeren

Zutaten für etwa 70 Waffelherzen:
Für die Waffeln:
200 g weiche Butter
125 g Zucker
1 Teel. Vanillezucker
4 Eier
1 Prise Salz
250 g Mehl
1 Teel. Backpulver
100 g gemahlene Mandeln
1/4 l Milch
Für die Dekoration:
200 g Sahne
2 Eßl. Zucker
1 Eßl. Vanillezucker
2 Eßl. Preiselbeeren (aus dem Glas)
1 Teel. Zitronensaft
Pflanzenöl oder Butterschmalz für das Waffeleisen

Für Gäste
Gelingt leicht

Pro Stück etwa:
320 kJ/76 kcal
2 g Eiweiß · 5 g Fett
6 g Kohlenhydrate

- Zubereitungszeit: etwa 1 1/4 Stunden

1. Für die Waffeln die Butter mit dem Zucker und dem Vanillezucker schaumig rühren, die Eier einzeln dazugeben und mit dem Salz gründlich unterrühren.

2. Das Mehl mit dem Backpulver mischen, über die Butter sieben und die Mandeln dazugeben. Nach und nach die Milch hinzufügen und alles zu einem glatten Teig verarbeiten.

3. Das Waffeleisen erhitzen und einfetten. Mit einem Eßlöffel den Teig in das Eisen geben und glattstreichen. Die Form schließen und den Teig in 2–3 Minuten backen, bis die Waffeln hellbraun und knusprig sind. In derselben Weise nacheinander alle Waffeln backen.

4. Die fertig gebackenen Waffeln auf einem Kuchengitter etwas abkühlen lassen, dann mit einem scharfen Messer trennen und die überstehenden Kanten abschneiden.

5. Für die Dekoration die Sahne mit dem Zucker und dem Vanillezucker steif schlagen. Die Preiselbeeren in einem kleinen Sieb abtropfen lassen, mit dem Zitronensaft mischen und unter die Sahne ziehen.

6. Jede Waffel mit etwas Preiselbeersahne servieren.

Mürbe Waffeln

Zutaten für etwa 60 Waffelherzen:
Für die Waffeln:
250 g weiche Butter
100 g Zucker
2 Teel. Vanillezucker
4 Eier
1 Prise Salz
150 g Mehl
100 g Speisestärke
1 Teel. Backpulver
200 g Sahne
Zum Bestreuen: 1 Eßl. Vanillezucker
1 Eßl. Puderzucker
Pflanzenöl für das Waffeleisen

Gelingt leicht • Schnell

Pro Stück etwa:
310 kJ/74 kcal
1 g Eiweiß · 5 g Fett
6 g Kohlenhydrate

- Zubereitungszeit: etwa 50 Minuten

1. Für die Waffeln die Butter mit dem Zucker und dem Vanillezucker schaumig rühren. Die Eier trennen und die Eigelbe in den Butterschaum rühren. Die Eiweiße mit dem Salz zu flaumigem Schaum schlagen. Das Mehl mit der Speisestärke und dem Backpulver mischen und abwechselnd mit dem Eischnee und der Sahne unter die Butter heben, bis ein glatter Teig entstanden ist.

2. Das Waffeleisen erhitzen und einfetten. Etwas Teig in das Eisen geben und glattstreichen. Die Form schließen und den Teig in 2–3 Minuten backen, bis die Waffeln hellbraun und knusprig sind.

3. Die fertigen Waffeln etwas abkühlen lassen. Dann mit einem scharfen Messer trennen und die überstehenden Kanten abschneiden. Den Vanillezucker und den Puderzucker mischen und die Waffeln damit bestreuen.

Bild oben:
Mandelwaffeln mit Preiselbeeren
Bild unten: Mürbe Waffeln

Haselnuß-waffeln

Zutaten für etwa 24 Stück im Brüsseler Waffelautomaten für je 4 dünnere Waffeln:
Für die Waffeln:
200 g weiche Butter
100 g Zucker
2 Teel. Vanillezucker
3 Eier
1 Prise Salz
75 g Mehl
50 g Speisestärke
1 Teel. Backpulver
150 g Haselnüsse, frisch gemahlen
Für die Dekoration:
200 g Sahne
1 Eßl. Zucker
1 Teel. Vanillezucker
50 g grob gehackte Haselnüsse
Pflanzenöl oder Butterschmalz für das Waffeleisen

Schnell • Preiswert

Pro Stück etwa:
840 kJ/200 kcal
3 g Eiweiß · 16 g Fett
10 g Kohlenhydrate

- Zubereitungszeit: etwa 30 Minuten

1. Für die Waffeln die Butter schaumig rühren, dabei den Zucker und den Vanillezucker einrieseln lassen, dann die Eier und das Salz dazugeben und alles gründlich verrühren.

2. Das Mehl und die Speisestärke mit dem Backpulver mischen und sieben, in kleinen Portionen unter die Buttermasse rühren, zuletzt die Haselnüsse unter den Teig ziehen.

3. Das Waffeleisen erhitzen und einfetten. Mit einem Eßlöffel den Teig in das Eisen geben und glattstreichen. Die Form schließen und in 2–3 Minuten backen, bis die Waffeln hellbraun und knusprig sind.

4. Die fertigen Waffeln auf einem Kuchengitter etwas abkühlen lassen, mit einem Messer trennen und die überstehenden Kanten abschneiden.

5. Die Sahne mit dem Zucker und dem Vanillezucker steif schlagen. In einen Spritzbeutel mit Sterntülle füllen und auf jede Waffel einen Tupfer Sahne spritzen, dann die gehackten Nüsse darüber streuen.

Gefüllte Hörnchen

Zutaten für etwa 30 Stück auf dem Backblech:
Für die Hörnchen:
150 g Zucker · 1/8 l Wasser
3 Eiweiß · 150 g Butter · 150 g Mehl
Für die Creme:
125 g weiche Butter · 1 Eigelb
2 Eßl. Rum nach Belieben
100 g Puderzucker
1 Eßl. Vanillezucker
2 Eßl. gehackte Mandeln
Butter für das Backblech
1 Kegel zum Formen (Konditoreibedarf)

Exklusiv • Für Gäste

Pro Stück etwa:
590 kJ/140 kcal
2 g Eiweiß · 9 g Fett
12 g Kohlenhydrate

- Zubereitungszeit: etwa 1 3/4 Stunden

1. Den Zucker im Wasser kurz aufkochen, dann kühl stellen. Die Eiweiße zu flockigem Schaum schlagen. Die Butter schaumig rühren, das lauwarme Zuckerwasser in dünnem Strahl zugeben. Das Mehl darüber sieben und mit dem Eischnee zusammen unter die Butter ziehen. Den Backofen auf 220° vorheizen. Das Backblech fetten.

2. Aus dem Teig walnußgroße Häufchen in großem Abstand auf das Backblech setzen und etwas verstreichen. Im Backofen (Mitte) etwa 7 Minuten backen.

3. Backhandschuhe anziehen. Die hellbraun gebackenen Plätzchen noch heiß um den Kegel rollen und zum Kühlen in ein enges Schnapsglas stellen, damit sie sich nicht wieder entrollen.

4. Für die Creme die Butter schaumig rühren, das Eigelb und eventuell den Rum dazugeben, den Puderzucker und den Vanillezucker darüber sieben und alles unterrühren.

5. Die Buttercreme in einen Spritzbeutel mit Sterntülle füllen und jeweils etwas Creme in die Hörnchen spritzen. Die Creme mit den Mandeln bestreuen.

Im Bild oben: Haselnußwaffeln
Im Bild unten: Gefüllte Hörnchen

Apfelwaffeln

Zutaten für etwa 40 Stück im Brüsseler Waffelautomaten für je 4 dünnere Waffeln:
250 g säuerliche Äpfel, zum Beispiel Boskop
100 g Zucker
1/2 Teel. gemahlener Zimt
2 Eßl. Rum nach Belieben
250 g weiche Butter
4 Eier
2 Teel. Vanillezucker
1 Prise Salz
250 g Mehl
1 Teel. Backpulver
1/8 l Milch
50 g Haselnüsse, frisch gemahlen
Puderzucker zum Bestreuen
Pflanzenöl oder Butterschmalz für das Waffeleisen

Ganz einfach • Schnell

Pro Stück etwa:
260 kJ/62 kcal
2 g Eiweiß · 2 g Fett
8 g Kohlenhydrate

- Zubereitungszeit: etwa 1 Stunde 20 Minuten

Variante:
Statt der Äpfel können Sie auch verschiedene andere Früchte in kleine Würfel schneiden und im Waffelteig mitbacken.

1. Die Äpfel waschen, schälen, vierteln und die Kerngehäuse entfernen. Die Apfelviertel dann in kleine Würfel schneiden. Die Hälfte des Zuckers, den Zimt und eventuell den Rum über die Äpfel geben, alles mischen und bis zur weiteren Verarbeitung ziehen lassen.

2. Die Butter schaumig rühren, die Eier trennen, die Eigelbe, den Rest des Zuckers und den Vanillezucker dazugeben. Die Eiweiße mit dem Salz zu steifem Schnee schlagen, das Mehl mit dem Backpulver mischen, sieben und mit der Milch, den Haselnüssen und den eingelegten Apfelstücken unter den Butterschaum ziehen.

3. Das Waffeleisen erhitzen und einfetten. Mit einem Eßlöffel den Teig in das Eisen geben und glattstreichen. Die Form schließen und in 3–4 Minuten backen, bis die Waffeln hellbraun und knusprig sind. In derselben Weise alle Waffeln backen.

4. Die fertig gebackenen Waffeln auf einem Kuchengitter etwas abkühlen lassen, mit einem scharfen Messer trennen und die überstehenden Kanten abschneiden. Die Waffeln mit Puderzucker bestreuen und servieren.

Gefüllte Fingerhüte

Zutaten für etwa 40 Stück auf dem Backblech:
Für die Schälchen:
125 g Zucker
1/8 l Wasser
2 Eiweiß
100 g weiche Butter
100 g Mehl
Für die Füllung:
Johannisbeergelee
Butter oder Butterschmalz für das Backblech

Etwas schwierig

Pro Stück etwa:
200 kJ/48 kcal
1 g Eiweiß · 2 g Fett
7 g Kohlenhydrate

- Zubereitungszeit: etwa 1 1/2 Stunden

1. Für die Schälchen den Zucker im Wasser auflösen, aufkochen, dann kühl stellen. Die Eiweiße zu flockigem Schaum schlagen. Die Butter schaumig rühren, das lauwarme Zuckerwasser in dünnem Strahl zugeben, das Mehl darüber sieben, den Eischnee dazugeben und vorsichtig unter die Buttermasse ziehen.

2. Den Backofen auf 220° vorheizen. Das Blech einfetten. Mit einem Löffel haselnußgroße Häufchen Teig mit ausreichend Abstand auf das Backblech setzen. Die Teighäufchen im Backofen (Mitte) pro Blech etwa 7 Minuten backen.

3. Backhandschuhe anziehen und dann die hellbraun gebackenen Plätzchen noch heiß mit dem Daumen der einen Hand in die andere Handinnenfläche drücken, so daß ein Schälchen entsteht.

4. Für die Füllung das Gelee durch ein Sieb streichen und in die Schälchen füllen.

Hefewaffeln

Zutaten für etwa 60 Waffelherzen:
1/2 Würfel Hefe (21 g)
1/8 l Milch
75 g Zucker
2 Eier
1 Prise Salz
1 Eßl. Vanillezucker
200 g Sahne
50 g weiche Butter
350 g Mehl
Zum Bestreuen:
Puderzucker
Pflanzenöl oder Butterschmalz für das Waffeleisen

Braucht etwas Zeit

Pro Stück etwa:
200 kJ/48 kcal
1 g Eiweiß · 2 g Fett
5 g Kohlenhydrate

- Zubereitungszeit: etwa 2 Stunden (davon 1 Stunde Ruhezeit)

1. Die Hefe mit der Milch und 1 Teelöffel Zucker verrühren, dann etwa 15 Minuten warm stellen (zum Beispiel in die Nähe der Heizung).

2. Die Eier trennen, die Eiweiße mit dem Salz zu flockigem Schaum mit weichen Spitzen schlagen. Die Eigelbe, den restlichen Zucker und den Vanillezucker ebenfalls zu flockigem Schaum schlagen. Die Sahne cremig schlagen. Dann die Eigelbmischung mit der Hefemilch und der Sahne mischen und die weiche Butter dazugeben. Das Mehl darübersieben und mit dem Eischnee zusammen alles verkneten. Den Teig etwa 45 Minuten ruhen lassen.

3. Das Waffeleisen erhitzen und einfetten. Mit einem Eßlöffel den Teig in das Eisen geben und glattstreichen. Die Form schließen und den Teig in 2–3 Minuten backen, bis die Waffeln hellbraun und knusprig sind. In derselben Weise alle Waffeln backen.

4. Die fertig gebackenen Waffeln auf einem Kuchengitter etwas abkühlen lassen, dann mit einem scharfen Messer trennen und die überstehenden Kanten abschneiden.

5. Die Waffeln mit Puderzucker bestreuen und servieren.

Kokoswaffeln

Zutaten für etwa 60 Waffelherzen:
4 Eier · 100 g weiche Butter
100 g Honig · 1 Teel. Zitronensaft
1 Teel. Vanillezucker
250 g Mehl
1 Päckchen Backpulver
1 Prise Salz
1/4 l Milch
100 g Kokosraspel
Pflanzenöl oder Butterschmalz für das Waffeleisen

Schnell • Ganz einfach

Pro Stück etwa:
220 kJ/52 kcal
2 g Eiweiß · 3 g Fett
6 g Kohlenhydrate

- Zubereitungszeit: etwa 1 Stunde

1. Die Eier trennen, die Eigelbe mit der Butter und dem Honig schaumig rühren, dann den Zitronensaft und den Vanillezucker dazugeben.

2. Das Mehl mit dem Backpulver mischen und über den Butterschaum sieben. Die Eiweiße mit dem Salz zu flockigem Schaum schlagen und abwechselnd mit der Milch, dem Mehl und den Kokosraspeln vorsichtig unter die Buttermasse heben, bis ein homogener Teig entstanden ist.

3. Das Waffeleisen erhitzen und einfetten. Etwas Teig in das Eisen gießen und den Teig in 2–3 Minuten backen, bis die Waffeln hellbraun und knusprig sind. In derselben Weise alle Waffeln backen.

4. Die fertig gebackenen Waffeln auf einem Kuchengitter etwas abkühlen lassen, dann mit einem scharfen Messer trennen und die überstehenden Kanten abschneiden.

Variante:
Statt Kokosraspeln können Sie auch 100 g Haferflocken unter den Teig mischen. Die Flocken dann vorher mit 2 Eßlöffeln Butter in einem Pfännchen anbräunen.

Im Bild oben: Hefewaffeln
Im Bild Mitte: Kokoswaffeln
Im Bild unten: Variante mit Haferflocken

Holländische Waffeln

Zutaten für etwa 40 Stück im normalen Brüsseler Waffelautomaten für je 2 Waffeln:
250 g Mehl
2 Teel. Backpulver
1 Prise Salz
200 g Zucker
3 Teel. Vanillezucker
1/4 l Milch
250 g Sahne
Butterschmalz für das Waffeleisen
Puderzucker zum Bestäuben

Gelingt leicht
Berühmtes Rezept

Pro Stück etwa:
290 kJ/69 kcal
1 g Eiweiß · 2 g Fett
11 g Kohlenhydrate

- Zubereitungszeit: etwa 1 1/4 Stunden

1. Das Mehl mit dem Backpulver zusammen in eine Schüssel sieben. Das Salz, den Zucker und den Vanillezucker mit dem Mehl mischen.

2. Die Milch und die Sahne dazugeben und einen dünnflüssigen Teig anrühren.

3. Das Waffeleisen erhitzen und einfetten. Mit einem Eßlöffel den Teig in das Eisen geben. Die Form schließen und den Teig in 3–4 Minuten backen, bis die Waffeln hellbraun und knusprig sind. In derselben Weise alle Waffeln backen. Bei diesen Waffeln bitte das Waffeleisen auf keinen Fall zu früh öffnen, sonst erhalten Sie getrennte Ober- und Unterteile. Fetten Sie das Eisen zwischendurch immer wieder leicht mit Butterschmalz.

4. Die fertig gebackenen Waffeln auf einem Kuchengitter etwas abkühlen lassen. Die überstehenden Kanten glattschneiden.

> **Tip!**
> Wenn Sie die Kalorienzahl etwas reduzieren wollen, können Sie statt der Sahne Milch verwenden. Umgekehrt können Sie aber genausogut statt der Milch nur Sahne nehmen – die Waffeln schmecken dann besonders köstlich.

Vollkornwaffeln mit Beeren

Zutaten für etwa 60 Waffelherzen:
Für die Waffeln:
1/2 l Milch
1/2 Vanilleschote
1 Messerspitze Zimtpulver
1 Prise Salz
5 Eßl. Honig
400 g Weizenvollkornmehl
Für die Dekoration:
250 g Beeren je nach Saison, zum Beispiel Erdbeeren, Johannisbeeren, Preiselbeeren, Himbeeren, Blaubeeren
2 Eßl. Zucker
1 Teel. Vanillezucker
Pflanzenöl oder Butterschmalz für das Waffeleisen

Raffiniert • Für Gäste

Pro Stück etwa:
140 kJ/33 kcal
1 g Eiweiß · 1 g Fett
6 g Kohlenhydrate

- Zubereitungszeit: etwa 1 1/4 Stunden

1. Für die Waffeln die Milch mit der Vanilleschote aufkochen, die Schote längs aufschneiden und auskratzen, dann in der Milch nochmals ziehen lassen. Den Zimt und das Salz dazugeben und den Honig in der Milch auflösen. Die Milch etwas abkühlen lassen.

2. Die Vanilleschote aus der Milch nehmen. Das Mehl über die abgekühlte Milch sieben und alles gut verrühren.

3. Das Waffeleisen erhitzen und einfetten. Etwas Teig in das Eisen geben und glattstreichen. Die Form schließen und den Teig in 2–3 Minuten backen, bis die Waffeln hellbraun und knusprig sind.

4. Die fertigen Waffeln etwas abkühlen lassen, dann mit einem scharfen Messer trennen.

5. Die Beeren vorsichtig waschen und mit Küchenkrepp trocknen. Den Zucker und den Vanillezucker mischen und über die Beeren streuen. Die Waffeln mit den Beeren anrichten.

Im Bild oben: Holländische Waffeln
Im Bild unten: Vollkornwaffeln mit Beeren

Crème-fraîche-Waffeln

Zutaten für etwa 60 Waffelherzen:
200 g Mehl
0,2 l Milch
150 g Crème fraîche
2 Eßl. Zucker
1 Eßl. Vanillezucker
2 Eier
1 Prise Salz
Pflanzenöl oder Butterschmalz für das Waffeleisen

Gelingt leicht • Schnell

Pro Stück etwa:
86 kJ/20 kcal
1 g Eiweiß · 1 g Fett
3 g Kohlenhydrate

- Zubereitungszeit: etwa 1 1/4 Stunden

1. Das Mehl in eine Schüssel sieben, die Milch dazugeben und beides mit der Crème fraîche, dem Zucker und dem Vanillezucker zusammen gründlich verrühren.

2. Die Eier trennen. Die Eiweiße mit dem Salz zusammen zu flockigem Schaum schlagen, den Schnee und die Eigelbe unter die Mehlmischung heben, bis ein glatter Teig entstanden ist.

3. Das Waffeleisen erhitzen und einfetten. Mit einem Eßlöffel den Teig in das Eisen geben und glattstreichen. Die Form schließen und den Teig 2–3 Minuten backen, bis die Waffeln hellbraun und knusprig sind. In derselben Weise alle Waffeln backen.

4. Die fertig gebackenen Waffeln auf einem Kuchengitter etwas abkühlen lassen, dann mit einem scharfen Messer trennen und die überstehenden Kanten abschneiden.

Varianten:
Statt Crème fraîche schmeckt auch Sahne, die Sie nach Belieben mit einem Teelöffel Zitronensaft aromatisieren können. Sie können diese Waffeln aber auch mit Quark und Joghurt zubereiten.

Brüsseler Waffeln

Zutaten für etwa 30 Stück im normalen Brüsseler Waffelautomaten für je 2 Waffeln:
500 g Mehl
1 Päckchen Backpulver
150 g Butter
4 Eier
125 g Zucker
1/4 l Milch
1 Prise Salz
1 Eßl. Vanillezucker
Pflanzenöl oder Butterschmalz für das Waffeleisen

Schnell
Berühmtes Rezept

Pro Stück etwa:
570 kJ/140 kcal
4 g Eiweiß · 6 g Fett
16 g Kohlenhydrate

- Zubereitungszeit: etwa 1 1/4 Stunden

1. Das Mehl mit dem Backpulver mischen und in eine Schüssel sieben. Die Butter gerade eben schmelzen lassen.

2. Die Eier schaumig rühren, den Zucker einrieseln lassen, die Milch, das Salz, den Vanillezucker und zuletzt die geschmolzene Butter dazugeben und alles gut vermischen. Das Mehl dazugeben und alles nochmals gründlich verrühren.

3. Das Waffeleisen erhitzen und einfetten. Mit einem Eßlöffel den Teig in das Eisen geben und glattstreichen. Die Form schließen und den Teig 2–3 Minuten backen, bis die Waffeln hellbraun und knusprig sind. In derselben Weise alle Waffeln backen.

4. Die fertig gebackenen Waffeln auf einem Kuchengitter etwas abkühlen lassen, dann mit einem scharfen Messer trennen und die überstehenden Kanten abschneiden.

Im Bild oben: Brüsseler Waffeln
Im Bild unten: Crème-fraîche-Waffeln

Eiserröllchen

Zutaten für etwa 30 Stück im Hörnchenautomaten:
Für die Eiserröllchen:
0,2 l Wasser
150 g Zucker
1 Teel. Vanillezucker
100 g weiche Butter
2 Eier
200 g Mehl
Für die Dekoration:
100 g Kuvertüre
Pflanzenöl oder Butterschmalz für den Hörnchenautomaten

Exklusiv
Braucht etwas Zeit

Pro Stück etwa:
400 kJ/95 kcal
2 g Eiweiß · 5 g Fett
11 g Kohlenhydrate

- Zubereitungszeit: etwa 4 Stunden (davon 2 Stunden Ruhezeit)

1. Für die Eiserröllchen das Wasser erhitzen, den Zucker und den Vanillezucker darin auflösen und dann das Wasser auf Zimmertemperatur abkühlen lassen.

2. Die Butter schaumig rühren, die Eier dazugeben und weiter schlagen, dabei das Zuckerwasser in dünnem Strahl dazugießen. Das Mehl darüber sieben und gründlich untermischen. Den Teig etwa 2 Stunden ruhen lassen.

3. Den Automaten erhitzen und einfetten. Etwas Teig in das Eisen geben und leicht glattstreichen. Die Form schließen und den Teig 2–3 Minuten backen, bis die Waffeln hellbraun und knusprig sind.

4. Einen Backhandschuh anziehen. Die fertige Waffel noch heiß von der Backfläche weg über den Stiel eines Kochlöffels zu einer Rolle drehen. Noch kurz in der geschlossenen Hand halten, damit sie sich nicht entrollen kann.

5. Für die Dekoration die Kuvertüre im Wasserbad schmelzen lassen. Die erkalteten Röllchen mit den Enden in die Kuvertüre tauchen und auf einem Kuchengitter trocknen lassen.

Finnische Eiserkuchen

Zutaten für etwa 30 Stück im Hörnchenautomaten:
1/8 l Wasser
110 g Zucker
1 Teel. Vanillezucker
60 g weiche Butter
100 g Mehl
1 Messerspitze Zimtpulver
1 Ei
Für die Dekoration:
200 g Sahne
1 Eßl. Zucker
1 Teel. Vanillezucker
Pflanzenöl oder Butterschmalz für den Hörnchenautomaten
1 Kegel zum Formen (Konditoreibedarf)

Braucht etwas Zeit
Für Gäste

Pro Stück etwa:
290 kJ/70 kcal
1 g Eiweiß · 4 g Fett
7 g Kohlenhydrate

- Zubereitungszeit: etwa 4 Stunden (davon 2 Stunden Ruhezeit)

1. Das Wasser aufkochen, den Zucker und den Vanillezucker darin auflösen, auf Zimmertemperatur abkühlen lassen.

2. Die Butter schaumig rühren und abwechselnd das Mehl, den Zimt und das Ei mit dem Zuckerwasser zusammen unterrühren. Den Teig etwa 2 Stunden ruhen lassen.

3. Den Automaten erhitzen und einfetten. Etwas Teig in das Eisen geben und glattstreichen. Die Form schließen und den Teig 2–3 Minuten backen, bis die Waffeln hellbraun und knusprig sind.

4. Einen Backhandschuh anziehen. Die fertig gebackenen Eiserkuchen noch heiß von der Backfläche weg mit der schönen Seite nach außen über den Kegel zu einer Tüte drehen. Noch kurz in der Hand halten, damit die Tüte sich nicht entrollt.

5. Die Sahne mit dem Zucker und dem Vanillezucker steif schlagen, in einen Spritzbeutel mit Sterntülle geben und die kalten Eisertüten damit füllen.

Bild oben: Eiserröllchen
Bild unten: Finnische Eiserkuchen

Honigwaffeln

Zutaten für etwa 50 Waffelherzen:
100 g weiche Butter
150 g Honig
4 Eier
1 Teel. Vanillezucker
125 g Sahne
200 g Mehl
1 Teel. Backpulver
150 g Haselnüsse, frisch gemahlen
Pflanzenöl oder Butterschmalz für das Waffeleisen

Preiswert • Schnell

Pro Stück etwa:
330 kJ/79 kcal
2 g Eiweiß · 5 g Fett
6 g Kohlenhydrate

- Zubereitungszeit: etwa 1 Stunde

1. Die Butter mit dem Honig zusammen schaumig rühren.

2. Die Eier trennen. Die Eigelbe mit dem Vanillezucker zu flockigem Schaum schlagen. Die Sahne ebenfalls steif schlagen und mit dem Eischaum unter die Buttermasse mischen.

3. Die Eiweiße zu steifem Schnee schlagen.

4. Das Mehl mit dem Backpulver mischen, sieben und mit den Haselnüssen und dem Eischnee zusammen unter die Eigelb-Butter-Masse heben.

5. Das Waffeleisen erhitzen und einfetten. Mit einem Eßlöffel den Teig in das Eisen geben und glattstreichen. Die Form schließen und den Teig 2–3 Minuten backen, bis die Waffeln hellbraun und knusprig sind. In derselben Weise alle Waffeln backen.

6. Die fertig gebackenen Waffeln auf einem Kuchengitter etwas abkühlen lassen, dann mit einem scharfen Messer trennen und die überstehenden Kanten abschneiden.

Schlotfeger

Zutaten für etwa 40 Stück im Hörnchenautomaten:
Für die Schlotfeger:
1/8 l Wasser
100 g Zucker
1 Teel. Vanillezucker
60 g weiche Butter
100 g Mehl
1 Messerspitze Zimtpulver
1 Ei
Für die Dekoration:
200 g Sahne
1 Eßl. Zucker
1 Teel. Vanillezucker
Pflanzenöl oder Butterschmalz für den Hörnchenautomaten

Gelingt leicht
Braucht etwas Zeit

Pro Stück etwa:
210 kJ/50 kcal
1 g Eiweiß · 3 g Fett
5 g Kohlenhydrate

- Zubereitungszeit: etwa 4 Stunden (davon 2 Stunden Ruhezeit)

1. Für die Schlotfeger das Wasser aufkochen, den Zucker und den Vanillezucker darin auflösen, dann das Wasser auf Zimmertemperatur abkühlen lassen.

2. Die Butter schaumig rühren. Das Mehl abwechselnd mit dem Zimt, dem Ei und dem kalten Zuckerwasser zur Butter rühren. Den Teig etwa 2 Stunden ruhen lassen.

3. Den Hörnchenautomaten erhitzen und einfetten. Mit einem Eßlöffel den Teig in das Eisen geben und glattstreichen. Die Form schließen und den Teig 2–3 Minuten backen, bis die Waffeln hellbraun und knusprig sind.

4. Backhandschuhe anziehen. Die fertig gebackenen Waffeln noch heiß von der Backfläche weg mit der schöneren Seite nach außen zu einem Rohr drehen. Kurz in der geschlossenen Hand halten, damit es sich nicht wieder entrollen kann.

5. Für die Dekoration die Sahne mit dem Zucker und dem Vanillezucker steif schlagen, in einen Spritzbeutel mit Tülle zum Füllen geben und die erkalteten Rohre mit der Sahne füllen.

Im Bild oben: Honigwaffeln
Im Bild unten: Schlotfeger

Waffeln mit Zitronencreme

Zutaten für etwa 40 Waffelherzen:
Für die Zitronencreme:
125 g Zucker
3 Eigelb
5 Eßl. Zitronensaft
Für die Waffeln:
2 Eiweiße
1 Prise Salz
1 Eßl. Olivenöl
1/8 l Milch
30 g Zucker
150 g Mehl
Für die Dekoration:
200 g Sahne
1 Eßl. Zucker
Pflanzenöl oder Butterschmalz für das Waffeleisen

Schnell • Ganz einfach

Pro Stück etwa:
330 kJ/80 kcal
2 g Eiweiß · 4 g Fett
7 g Kohlenhydrate

- Zubereitungszeit: etwa 1 1/4 Stunden

1. Für die Creme den Zucker mit den Eigelben in einer Schüssel weißschaumig schlagen. Die Schüssel in ein heißes Wasserbad stellen und die Eiercreme etwa 10 Minuten weiterschlagen. Den Zitronensaft unterschlagen. Die Schüssel aus dem Wasserbad nehmen und die Zitronencreme etwa 2 Minuten weiterschlagen, dann kühl stellen.

2. Für die Waffeln die Eiweiße mit der Prise Salz zu flockigem Schaum schlagen.

3. Das Öl mit der Milch und dem Zucker verrühren. Das Mehl darüber sieben und mit dem Eischnee vorsichtig unter die Zuckermilch ziehen.

4. Das Waffeleisen erhitzen und einfetten. Etwas Teig in das Eisen gießen, die Form schließen und den Teig 2–3 Minuten backen, bis die Waffeln hellbraun und knusprig sind. In derselben Weise alle Waffeln backen.

5. Die fertig gebackenen Waffeln auf einem Kuchengitter etwas abkühlen lassen, dann mit einem scharfen Messer trennen und die überstehenden Kanten abschneiden.

6. Für die Dekoration die Sahne mit dem Zucker steif schlagen, die Zitronencreme unterziehen und die Waffeln mit der Zitronensahne anrichten.

Zimtwaffeln

Zutaten für etwa 80 Stück im Zimtwaffeleisen:
2 Eier
150 g Zucker
150 g weiche Butter
250 g Mehl
1 Teel. Zimtpulver
1/8 l Milch
1 Prise Salz
Pflanzenöl oder Butterschmalz für das Waffeleisen

Exklusiv • Für Gäste

Pro Stück etwa:
150 kJ/36 kcal
1 g Eiweiß · 2 g Fett
4 g Kohlenhydrate

- Zubereitungszeit: etwa 1 Stunde

1. Die Eier mit dem Zucker weißschaumig schlagen, dann die weiche Butter unterrühren, das Mehl darüber sieben, den Zimt und das Salz dazugeben und alles mit der Milch unter die Butter-Eier-Masse ziehen.

2. Das Zimtwaffeleisen erhitzen und einfetten. Mit einem Eßlöffel den Teig in das Zimtwaffeleisen geben und glattstreichen. Die Form schließen und den Teig 2–3 Minuten backen, bis die Waffeln hellbraun und knusprig sind. In derselben Weise alle Waffeln backen.

3. Die fertig gebackenen Waffeln auf einem Kuchengitter etwas abkühlen lassen und die überstehenden Kanten abschneiden.

Tip!

Diese Waffeln können Sie auf Vorrat backen. Heben Sie sie in einem Gefäß mit dicht schließendem Deckel auf, dann bleiben sie lange Zeit knusprig.

Im Bild oben: Waffeln mit Zitronencreme
Im Bild unten: Zimtwaffeln

Crêpes mit Weinschaumcreme

Zutaten für 4 Personen:

Für den Teig:
- *2 Eier*
- *1 Prise Salz*
- *2 Eßl. Zucker*
- *1 Teel. Vanillezucker*
- *1/4 l Milch*
- *150 g Mehl*

Für die Creme:
- *4 Eigelb*
- *150 g Zucker*
- *1/4 l Weißwein*
- *Pflanzenöl für die Crêpespfanne*

Raffiniert • Für Gäste

Pro Portion etwa:
3400 kJ/810 kcal
30 g Eiweiß · 41 g Fett
73 g Kohlenhydrate

- Zubereitungszeit: etwa 1 3/4 Stunden (davon 1 Stunde Ruhezeit)

1. Für den Teig die Eier mit dem Salz, dem Zucker, dem Vanillezucker und der Milch leicht schlagen. Das Mehl darüber sieben und dann alles kräftig durchschlagen, damit keine Klümpchen entstehen können. Der Teig muß die Konsistenz von Kaffeesahne haben. Den Teig etwa 1 Stunde ruhen lassen.

2. Die Eigelbe mit dem Zucker in einem großen Topf weißschaumig schlagen. Den Topf in ein sachte kochendes Wasserbad stellen und die Creme weiterschlagen. Den Wein in dünnem Strahl dazugeben und schlagen, bis die Masse hochkocht. Die Creme aus dem Wasserbad nehmen und noch einige Minuten weiterschlagen.

3. Die Pfanne heiß werden lassen, leicht fetten und nacheinander die Crêpes backen. Zwischendurch die Pfanne immer wieder mit Öl auspinseln. Oder den Teig mit Hilfe des Crêpes-Automaten zu dünnen Crêpes backen.

4. Die Crêpes mit der Weinschaumcreme auf 4 Tellern anrichten.

Crêpes mit Grand-Marnier-Schaum

Zutaten für 4 Personen:

Für den Teig:
- *2 Eier*
- *1 Prise Salz*
- *2 Eßl. Zucker*
- *1 Teel. Vanillezucker*
- *1 Eßl. neutrales Pflanzenöl*
- *1/4 l Milch*
- *150 g Mehl*

Für die Creme:
- *3 Blatt Gelatine*
- *0,1 l Grand Marnier*
- *200 g Sahne*
- *2 Eigelb*
- *2 Eßl. Zucker*
- *Pflanzenöl für die Crêpespfanne*

Exklusiv

Pro Portion etwa:
2900 kJ/690 kcal
22 g Eiweiß · 43 g Fett
42 g Kohlenhydrate

- Zubereitungszeit: etwa 1 1/2 Stunden (davon 1 Stunde Ruhezeit)

1. Für den Teig die Eier mit dem Salz, dem Zucker, dem Vanillezucker, dem Öl und der Milch gründlich verschlagen. Das Mehl darüber sieben und dann alles kräftig schlagen, damit keine Klümpchen entstehen können. Der Teig muß die Konsistenz von Kaffeesahne haben. Den Teig etwa 1 Stunde ruhen lassen.

2. Inzwischen für die Creme die Gelatine etwa 5 Minuten in kaltem Wasser einweichen. Den Grand Marnier leicht erwärmen, die Gelatine ausdrücken und darin auflösen. Die Likörmischung kalt stellen.

3. Die Pfanne heiß werden lassen, leicht fetten und nacheinander darin die Crêpes backen und warm halten. Zwischendurch die Pfanne immer wieder mit Öl auspinseln. Die Sahne steif schlagen. Die Eigelbe mit dem Zucker weißschaumig schlagen und dann die Sahne und die Likörmischung unter den Eischaum ziehen.

4. Die Crêpes mit dem Grand-Marnier-Schaum dekorativ auf 4 Tellern anrichten.

Himbeer-crêpes

Zutaten für 4 Personen:
Für den Teig:
2 Eßl. neutrales Pflanzenöl
2 Eier
1 Prise Salz
2 Eßl. Zucker
1 Teel. Vanillezucker
1/4 l Milch
150 g Mehl
Für das Fruchtpüree:
250 g Himbeeren, frisch oder tiefgekühlt
50 g Puderzucker
1 Eßl. Zitronensaft
2 Eßl. Himbeergeist nach Belieben
Pflanzenöl für die Crêpespfanne

Für Ungeübte
Raffiniert

Pro Portion etwa:
1600 kJ/380 kcal
14 g Eiweiß · 13 g Fett
51 g Kohlenhydrate

- Zubereitungszeit: etwa 1 1/2 Stunden (davon 1 Stunde Ruhezeit)

1. Für den Teig das Öl, die Eier, das Salz, den Zucker, den Vanillezucker und die Milch gründlich verschlagen. Das Mehl darüber sieben und dann alles kräftig schlagen, damit keine Klümpchen entstehen. Der Teig muß die Konsistenz von Sahne haben. Den Teig etwa 1 Stunde ruhen lassen.

2. Inzwischen für das Fruchtpüree die Himbeeren, wenn nötig, kurz waschen, mit Küchenkrepp trockentupfen und einige Früchte zur Dekoration beiseite legen. Die übrigen Himbeeren durch ein Sieb streichen und mit dem Puderzucker, dem Zitronensaft und eventuell dem Himbeergeist verrühren, bis sich der Zucker vollständig aufgelöst hat.

3. Die Pfanne heiß werden lassen, leicht fetten und nacheinander darin die Crêpes backen. Zwischendurch die Pfanne immer wieder leicht mit Öl auspinseln. Die Crêpes warm halten.

4. Die Crêpes mit dem Fruchtpüree und den Früchten anrichten.

Crêpes mit Champagner-sauce

Zutaten für 4 Personen:
Für den Teig: 2 Eier
1 Prise Salz · 3 Eßl. Zucker
1/4 l Milch · 120 g Mehl
3 Eßl. weiche Butter
Für die Sauce:
3 Eigelb · 100 g Zucker
1/8 l Champagner oder Sekt
125 g Sahne
Pflanzenöl für die Crêpespfanne

Exklusiv • Für Gäste

Pro Portion etwa:
3600 kJ/860 kcal
25 g Eiweiß · 56 g Fett
58 g Kohlenhydrate

- Zubereitungszeit: etwa 1 1/2 Stunden (davon 1 Stunde Ruhezeit)

1. Für den Teig die Eier mit dem Salz, dem Zucker und der Milch gründlich verschlagen, das Mehl darüber sieben, die Butter dazurühren und alles kräftig durchschlagen, damit keine Klümpchen entstehen können. Der Teig soll die Konsistenz von Kaffeesahne haben. Den Teig etwa 1 Stunde ruhen lassen.

2. Inzwischen die Eigelbe und den Zucker in einem Topf weißschaumig schlagen. Den Topf dann in ein Wasserbad mit schwach siedendem Wasser stellen. Den Champagner zu der Eiercreme geben und weiterschlagen, bis die Masse hochkocht. Den Schaum sofort aus dem Wasserbad nehmen und noch einige Minuten weiterschlagen, dann kalt stellen.

3. Die Pfanne heiß werden lassen, leicht fetten und nacheinander darin die Crêpes backen. Inzwischen die Pfanne immer wieder mit Öl auspinseln. Die Crêpes warm halten.

4. Die Sahne zu Schlagsahne mit weichen Spitzen schlagen. Die erkaltete Creme unterziehen und die Crêpes mit der Champagnersauce anrichten.

Im Bild oben: Himbeercrêpes
Im Bild unten:
Crêpes mit Champagnersauce

Crêpes mit Rum-Rosinen-Quark

Zutaten für 4 Personen:
Für den Teig:
2 Eier
1 Prise Salz
2 Eßl. Zucker
1 Teel. Vanillezucker
1/4 l Milch
150 g Mehl
1 Eßl. Grand Marnier
Für die Füllung:
200 g Rosinen (ungeschwefelt)
2 Eßl. Rum
200 g Sahne
100 g Zucker
250 g Quark
Pflanzenöl für die Crêpespfanne

Preiswert
Gelingt leicht

Pro Portion etwa:
3300 kJ/790 kcal
21 g Eiweiß · 34 g Fett
97 g Kohlenhydrate

- Zubereitungszeit: etwa 1 1/2 Stunden (davon 1 Stunde Ruhezeit)

1. Für den Teig die Eier mit dem Salz, dem Zucker, dem Vanillezucker und der Milch gründlich verschlagen. Das Mehl darüber sieben und dann alles kräftig schlagen, damit keine Klümpchen entstehen können. Der Teig muß die Konsistenz von Kaffeesahne haben. Den Teig etwa 1 Stunde ruhen lassen.

2. Inzwischen für die Füllung die Rosinen mit dem Rum beträufeln und etwa 1 Stunde ziehen lassen.

3. Die Sahne mit dem Zucker zusammen steif schlagen. Den Quark verrühren und mit den Rosinen vorsichtig unter die Sahne ziehen.

4. Die Pfanne heiß werden lassen, leicht fetten und darin nacheinander die Crêpes backen. Zwischendurch die Pfanne immer wieder leicht mit Öl einpinseln. Die Crêpes warm halten.

5. Die Crêpes mit dem Rum-Rosinen-Quark füllen und servieren.

Crêpes Armagnac mit Pflaumenmus

Zutaten für 4 Personen:
Für den Teig:
150 g Mehl
50 g Speisestärke
1/4 l Milch
125 g Sahne
3 Eier
1 Prise Salz
4 Eßl. Zucker
1 Teel. Vanillezucker
2 Eßl. weiche Butter
2 Eßl. Armagnac
Für die Dekoration:
5 Eßl. Pflaumenmus
250 g Sahne
2 Eßl. Zucker
Pflanzenöl für die Crêpespfanne

Schnell • Für Ungeübte

Pro Portion etwa:
3500 kJ/830 kcal
19 g Eiweiß · 51 g Fett
73 g Kohlenhydrate

- Zubereitungszeit: etwa 1 1/2 Stunden (davon 1 Stunde Ruhezeit)

1. Für den Teig das Mehl mit der Speisestärke mischen, die Milch und die Sahne dazugeben und alles glatt verrühren. Diesen Teig etwa 1 Stunde ruhen lassen.

2. Die Eier mit dem Salz, dem Zucker, dem Vanillezucker, der weichen Butter und dem Armagnac kräftig schlagen und unter den Teig mischen.

3. Die Pfanne heiß werden lassen, leicht fetten und darin nacheinander die Crêpes backen. Zwischendurch die Pfanne immer wieder mit Öl einpinseln. Die Crêpes warm halten.

4. Für die Dekoration die Sahne mit dem Zucker steif schlagen. Die Crêpes mit dem Pflaumenmus und der Schlagsahne anrichten.

Im Bild oben:
Crêpes mit Rum-Rosinen-Quark
Im Bild unten:
Crêpes Armagnac mit Pflaumenmus

Crêpes Suzette

Zutaten für 4 Personen:
Für den Teig:
100 g Mehl
2 Eßl. Zucker
2 Eier
1/4 l Milch
2 Eßl. Grand Marnier
1 Eßl. zerlassene Butter
Für die Sauce:
1 Zitrone (unbehandelt)
1 Orange (unbehandelt)
4 Stück Würfelzucker
60 g weiche Butter
2 Eßl. Zucker
2 Eßl. Grand Marnier
1 Eßl. Rum
Pflanzenöl für die Crêpespfanne

Berühmtes Rezept
Raffiniert

Pro Portion etwa:
2000 kJ/480 kcal
12 g Eiweiß · 26 g Fett
42 g Kohlenhydrate

- Zubereitungszeit: etwa 2 Stunden (davon 1 1/2 Stunden Ruhezeit)

1. Das Mehl in eine Schüssel sieben, den Zucker, die Eier und die Milch dazugeben und glatt verrühren. Die Mischung durch ein Sieb streichen und mit dem Likör und der zerlassenen Butter verrühren. Der Teig muß die Konsistenz von Kaffeesahne haben. Den Teig etwa 1 1/2 Stunden ruhen lassen.

2. Für die Sauce die Früchte heiß waschen und abtrocknen. Mit jeweils 2 Zuckerwürfeln die Orange und die Zitrone kräftig abreiben. Die Früchte dann getrennt auspressen. Die Zuckerwürfel zerdrücken und in einem Teelöffel Zitronensaft und 3 Eßlöffeln Orangensaft auflösen, dann mit der Butter und den 2 Eßlöffeln Zucker vermengen.

3. Die Pfanne heiß werden lassen, leicht fetten und darin nacheinander die Crêpes backen und zweimal in der Mitte falten, so daß jeweils ein Viertelkreis entsteht. Zwischendurch die Pfanne immer wieder leicht mit Öl einpinseln. Die Crêpes warm halten.

4. Die Orangenbutter in einem Flambierpfännchen bei schwacher Hitze heiß werden lassen und sämig rühren. Die Crêpes in der Orangenbuttersauce verteilen und mit dem Likör und dem Rum übergießen. Diesen entzünden und die Crêpes flambiert servieren.

Crêpes mit Mandelquark

Zutaten für 4 Personen:
Für den Teig:
2 Eier
1 Prise Salz
3 Eßl. Zucker
1 Teel. Vanillezucker
1/4 l Milch
150 g Mehl
1 Eßl. Rum nach Belieben
Für den Mandelquark:
2 Eigelb · 100 g Zucker
1 Prise Salz · 200 g Sahne
100 g gemahlene Mandeln
250 g Quark
2 Eßl. Mandelblättchen
Pflanzenöl für die Crêpespfanne

Gelingt leicht

Pro Portion etwa:
4400 kJ/1000 kcal
35 g Eiweiß · 70 g Fett
71 g Kohlenhydrate

- Zubereitungszeit: etwa 1 1/2 Stunden (davon 1 Stunde Ruhezeit)

1. Die Eier mit der Prise Salz, dem Zucker, dem Vanillezucker und der Milch gründlich verschlagen. Das Mehl darüber sieben und mit dem Rum zusammen kräftig unterschlagen. Der Teig soll eine Konsistenz wie Kaffeesahne haben. Den Teig etwa 1 Stunde ruhen lassen.

2. Für den Mandelquark die Eigelbe mit dem Zucker und dem Salz weißschaumig schlagen. Die Sahne steif schlagen und mit dem Eischaum und den gemahlenen Mandeln unter den Quark ziehen.

3. Die Pfanne heiß werden lassen, leicht fetten und darin nacheinander die Crêpes backen. Zwischendurch die Pfanne immer wieder leicht mit Öl einpinseln. Die Crêpes warm halten.

4. Die Crêpes mit dem Mandelquark anrichten, dann die Mandelblättchen darüberstreuen.

Im Bild oben: Crêpes Suzette
Im Bild unten:
Crêpes mit Mandelquark

Crêpes mit Honigsauce

Zutaten für 4 Personen:
Für den Teig:
2 Eier
1 Prise Salz
2 Eßl. Zucker
1 Teel. Vanillezucker
150 g Mehl
1/4 l Milch
1 Eßl. neutrales Pflanzenöl
2 Eßl. Sahne
Für die Sauce:
1 Eßl. Butter
1 Eßl. Zucker
3 Eßl. Honig
200 g Sahne
Pflanzenöl für die Crêpespfanne

Raffiniert • Gelingt leicht

Pro Portion etwa:
2400 kJ/570 kcal
14 g Eiweiß · 35 g Fett
53 g Kohlenhydrate

- Zubereitungszeit: etwa 1 1/2 Stunden (davon 1 Stunde Ruhezeit)

1. Für den Teig die Eier mit dem Salz, dem Zucker und dem Vanillezucker dicklich aufschlagen. Das Mehl sieben, zum Eierschaum geben und dann mit der Milch, dem Öl und der Sahne zusammen gründlich verschlagen, damit keine Klümpchen entstehen können. Den Teig etwa 1 Stunde ruhen lassen.

2. Inzwischen für die Sauce die Butter mit dem Zucker in ein Pfännchen geben und hell karamelisieren lassen, dann den Honig und die Sahne dazugeben und alles bei schwacher Hitze weiter köcheln, bis die Creme dicklich wird.

3. Die Pfanne heiß werden lassen, leicht fetten und darin nacheinander die Crêpes backen. Zwischendurch die Pfanne immer wieder leicht mit Öl einpinseln. Die Crêpes warm halten.

4. Die Crêpes mit der Honigsauce zusammen anrichten.

Crêpes mit Eis

Zutaten für 4 Personen:
Für das Eis:
250 g Sahne
2 Eier
4 Eßl. Zucker
1 Prise Salz
2 Eßl. Vanillezucker
50 g Schokolade, grob gehackt oder geraspelt
Für den Teig:
2 Eier
1 Prise Salz
2 Eßl. Zucker
1 Teel. Vanillezucker
1/8 l Milch
125 g Sahne
150 g Mehl
2 Eßl. neutrales Pflanzenöl
2 Eßl. Rum
Pflanzenöl für die Crêpespfanne

Exklusiv
Braucht etwas Zeit

Pro Portion etwa:
3300 kJ/790 kcal
21 g Eiweiß · 52 g Fett
58 g Kohlenhydrate

- Gefrierzeit: 6–10 Stunden
- Zubereitungszeit: etwa 1 1/2 Stunden (davon 1 Stunde Ruhezeit)

1. Für das Eis die Sahne steif schlagen. Die Eier mit dem Zucker, dem Salz und dem Vanillezucker weißschaumig schlagen und mit der Schokolade unter die Schlagsahne ziehen.

2. Die Masse in eine Metall- oder Plastikschüssel geben und im Tiefkühlgerät in 6–10 Stunden gefrieren lassen.

3. Für den Teig die Eier mit dem Salz, dem Zucker, dem Vanillezucker, der Milch und der Sahne gründlich verschlagen. Das Mehl darüber sieben, das Öl und den Rum dazugeben und alles kräftig durchschlagen, damit keine Klümpchen entstehen können. Den Teig etwa 1 Stunde ruhen lassen.

4. Die Pfanne heiß werden lassen, leicht fetten und darin nacheinander die Crêpes backen. Zwischendurch die Pfanne immer wieder leicht mit Öl einpinseln. Die Crêpes warm halten.

5. Die Crêpes mit dem Eis anrichten.

Im Bild oben: Crêpes mit Honigsauce
Im Bild unten: Crêpes mit Eis

Crêpes mit Vanillesauce

Zutaten für 4 Personen:
Für den Teig:
2 Eier
1 Prise Salz
3 Eßl. Zucker
1 Teel. Vanillezucker
125 g Mehl
1/4 l Milch
2 Eßl. Pflanzenöl
Für die Sauce:
1 Zitrone (unbehandelt)
2 Stück Würfelzucker
1/4 l Milch
2 Eigelb
3 Eßl. Vanillezucker
Pflanzenöl für die Crêpespfanne

Ganz einfach
Preiswert

Pro Portion etwa:
2400 kJ/570 kcal
22 g Eiweiß · 31 g Fett
54 g Kohlenhydrate

- Zubereitungszeit: etwa 1 1/2 Stunden (davon 1 Stunde Ruhezeit)

1. Für den Teig die Eier mit der Prise Salz, dem Zucker und dem Vanillezucker zusammen weißschaumig schlagen. Das Mehl sieben, zum Eierschaum geben. Dann die Milch und das Öl dazufließen lassen, alles gründlich verschlagen. Den Teig etwa 1 Stunde ruhen lassen.

2. Für die Sauce die Zitrone heiß waschen und abtrocknen. Die Zuckerwürfel an der Zitronenschale kräftig abreiben. Dann in der Milch zerdrücken. Die Milch kurz aufkochen.

3. Die Eigelbe mit dem Vanillezucker weißschaumig rühren, die noch warme Milch in dünnem Strahl dazugießen und währenddessen immer weiterschlagen. Die Sauce wieder in den Milchtopf geben und unter ständigem Rühren bei schwacher Hitze köcheln, bis die Sauce etwas eindickt.

4. Die Pfanne heiß werden lassen, leicht fetten und darin nacheinander die Crêpes backen. Zwischendurch die Pfanne immer wieder mit Öl einpinseln. Die Crêpes warm halten.

5. Die Crêpes mit der Sauce anrichten.

Crêpes mit Schokoladencreme

Zutaten für 4 Personen:
Für den Teig:
2 Eier
1 Prise Salz
2 Eßl. Zucker
150 g Mehl
2 Eßl. Speisestärke
125 g Sahne
1/8 l Milch
Für die Creme:
125 g Sahne · 2 Eßl. Zucker
1 Teel. Vanillezucker
1 Prise Zimtpulver
100 g Schokolade, zartbitter
Pflanzenöl für die Crêpespfanne

Für Gäste
Gelingt leicht

Pro Portion etwa:
2600 kJ/620 kcal
15 g Eiweiß · 35 g Fett
50 g Kohlenhydrate

- Zubereitungszeit: etwa 1 1/2 Stunden (davon 1 Stunde Ruhezeit)

1. Für den Teig die Eier mit dem Salz und dem Zucker weißschaumig schlagen. Das Mehl mit der Speisestärke vermischen und sieben. Die Sahne steif schlagen. Das Mehl, die Schlagsahne und die Milch gründlich unter den Eischaum heben. Den Teig etwa 1 Stunde ruhen lassen.

2. Inzwischen für die Creme die Sahne mit dem Zucker und dem Vanillezucker verrühren und aufkochen. Den Zimt und die in kleine Stücke zerbro chene Schokolade dazugeben. Alles in der heißen Sahne auflösen und dann kühl stellen.

3. Die Pfanne heiß werden lassen, leicht fetten und darin nacheinander die Crêpes backen. Zwischendurch die Pfanne immer wieder mit Öl einpinseln. Die Crêpes warm halten, dann mit der Creme anrichten.

Im Bild oben: Crêpes mit Vanillesauce
Im Bild unten:
Crêpes mit Schokoladencreme

Crêpes mit Himbeersahne

Zutaten für 4 Personen:
Für den Teig:
2 Eier
1 Prise Salz
2 Eßl. Zucker
1 Teel. Vanillezucker
1/8 l Milch
125 g Sahne
150 g Mehl
Für die Himbeersahne:
250 g Himbeeren
1 Eßl. Himbeergeist nach Belieben
200 g Sahne
2 Eßl. Zucker
1 Eßl. Vanillezucker
Pflanzenöl für die Crêpespfanne

Für Gäste
Ganz einfach

Pro Portion etwa:
2300 kJ/550 kcal
15 g Eiweiß · 34 g Fett
47 g Kohlenhydrate

- Zubereitungszeit: etwa 1 1/2 Stunden (davon 1 Stunde Ruhezeit)

1. Für den Teig die Eier mit dem Salz, dem Zucker, dem Vanillezucker, der Milch und der Sahne zusammen leicht verschlagen. Das Mehl darüber sieben und alles kräftig durchschlagen, damit keine Klümpchen entstehen. Der Teig muß die Konsistenz von Kaffeesahne haben. Den Teig etwa 1 Stunde ruhen lassen.

2. Inzwischen für die Himbeersahne die Himbeeren, nur wenn nötig, waschen. Einige Beeren zur Dekoration zur Seite legen, den Rest durch ein Sieb streichen. Nach Belieben mit dem Himbeergeist aromatisieren.

3. Die Sahne steif schlagen, den Zucker und den Vanillezucker einrieseln lassen und die Himbeeren unterziehen.

4. Die Pfanne heiß werden lassen, leicht fetten und darin nacheinander die Crêpes backen. Zwischendurch die Pfanne immer wieder mit Öl einpinseln. Die Crêpes warm halten.

5. Die Crêpes mit der Himbeersahne und den ganzen Beeren anrichten.

Crêpes mit gemischten Beeren

Zutaten für 4 Personen:
Für den Teig:
2 Eier
1 Prise Salz
50 g Zucker
1 Teel. Vanillezucker
3 Eßl. weiche Butter
1/8 l Milch
1/8 l Mineralwasser
250 g Mehl
Für die Beilage:
500 g gemischte Beeren der Saison, zum Beispiel Erdbeeren, Himbeeren, Brombeeren oder Johannisbeeren
50 g Puderzucker
Pflanzenöl für die Crêpespfanne

Schnell • Für Ungeübte

Pro Portion etwa:
2400 kJ/570 kcal
16 g Eiweiß · 22 g Fett
78 g Kohlenhydrate

- Zubereitungszeit: etwa 1 1/2 Stunden (davon 1 Stunde Ruhezeit)

1. Für den Teig die Eier mit dem Salz, dem Zucker und dem Vanillezucker verrühren. Die weiche Butter dazugeben, die Milch und das Mineralwasser ebenfalls hinzufügen und die Mischung gründlich verschlagen. Das Mehl darüber sieben und dann alles kräftig schlagen, damit keine Klümpchen entstehen können. Der Teig muß die Konsistenz von Kaffeesahne haben. Den Teig etwa 1 Stunde ruhen lassen.

2. Inzwischen für die Beilage die Beeren, nur wenn nötig, kurz waschen, verlesen und putzen.

3. Die Pfanne heiß werden lassen, leicht fetten und darin nacheinander die Crêpes backen. Die Pfanne zwischendurch immer wieder mit Öl einpinseln. Die Crêpes warm halten.

4. Die Crêpes mit den Beeren anrichten. Den Puderzucker zum Bestäuben getrennt dazu servieren.

Im Bild oben:
Crêpes mit Himbeersahne
Im Bild unten:
Crêpes mit gemischten Beeren

Kümmelwaffeln

Zutaten für etwa 40 Stück im Brüsseler Waffelautomaten für je 4 dünnere Waffeln:
200 g Mehl
200 g Weizenvollkornmehl
1 Teel. Salz
2 Eßl. Kümmelkörner
2 Teel. gemahlener Kümmel
4 Eßl. neutrales Pflanzenöl
0,3 l Mineralwasser
1/8 l Milch
Pflanzenöl oder Butterschmalz für das Waffeleisen

Schnell • Preiswert

Pro Stück etwa:
170 kJ/40 kcal
1 g Eiweiß · 1 g Fett
7 g Kohlenhydrate

- Zubereitungszeit: etwa 40 Minuten

1. Die beiden Mehlsorten mit dem Salz mischen. Von den Kümmelkörnern einen kleinen Teil beiseite legen, die übrigen Kümmelkörner und den gemahlenen Kümmel, das Öl, das Mineralwasser und die Milch zum Mehl geben und alles gründlich verrühren.

2. Das Waffeleisen erhitzen und einfetten.

3. Etwas Kümmel auf die Backfläche des Eisens streuen, dann mit einem Eßlöffel den Teig in das Eisen geben und leicht verstreichen. Die Form schließen und den Teig in 2–3 Minuten backen, bis die Waffeln knusprig sind. In derselben Weise alle Waffeln backen.

4. Die fertig gebackenen Waffeln auf einem Kuchengitter etwas abkühlen lassen, dann mit einem scharfen Messer trennen und die überstehenden Kanten abschneiden.

Mohnwaffeln

Zutaten für etwa 28 Stück im Brüsseler Waffelautomat für je 4 dünnere Waffeln:
100 g gemahlener oder ungemahlener Mohn
1/4 l Milch
4 Eier
50 g weiche Butter
300 g Mehl
1 Teel. Backpulver
1 Prise Salz
Pflanzenöl oder Butterschmalz für das Waffeleisen

Schnell • Ganz einfach

Pro Stück etwa:
400 kJ/95 kcal
4 g Eiweiß · 5 g Fett
8 g Kohlenhydrate

- Zubereitungszeit: etwa 40 Minuten

Tip!

Mit diesen Kümmel- oder Mohnwaffeln haben Sie schnell einen Ersatz zur Hand, falls Sie mal vergessen haben, Brot einzukaufen.

1. Den Mohn in der Milch aufkochen und ziehen lassen.

2. Die Eier trennen, die Eigelbe mit der Butter schaumig rühren.

3. Das Mehl mit dem Backpulver mischen und über den Butterschaum sieben, mit der Mohnmilch zusammen gründlich unterrühren.

4. Die Eiweiße mit dem Salz zu flockigem Schaum schlagen und vorsichtig unter die Mohnmasse ziehen.

5. Das Waffeleisen erhitzen und einfetten. Mit einem Eßlöffel den Teig in das Eisen geben und in 2–3 Minuten backen, bis die Waffeln hellbraun und knusprig sind. In derselben Weise alle Waffeln backen.

6. Die fertig gebackenen Waffeln auf einem Kuchengitter etwas abkühlen lassen.

Varianten:
Die Waffelteige auf dieser Seite können Sie auch mit gehackten Sonnenblumenkernen, gehackten Kürbiskernen oder über Nacht eingeweichten Weizenkörnern herzhaft abwandeln.
Als Gewürze können Sie auch Brotgewürz, Koriander, Anis oder Fenchel verwenden.

Im Bild oben: Kümmelwaffeln
Im Bild unten: Mohnwaffeln

Sesamwaffeln

Zutaten für etwa 24 Stück im Brüsseler Waffelautomaten für je 4 dünnere Waffeln:

3 Eier
50 g weiche Butter
200 g Mehl
1 Teel. Backpulver
0,2 l Milch
100 g geschälter Sesam
1 Teel. Salz
Pflanzenöl oder Butterschmalz für das Waffeleisen

Schnell • Gelingt leicht

Pro Stück etwa:
390 kJ/93 kcal
4 g Eiweiß · 6 g Fett
7 g Kohlenhydrate

- Zubereitungszeit: etwa 35 Minuten

1. Die Eier trennen, die Eigelbe mit der Butter zusammen schaumig rühren.

2. Das Mehl mit dem Backpulver mischen und über den Butterschaum sieben.

3. Die Milch zusammen mit dem größten Teil des Sesams unter die Butter und das Mehl rühren.

4. Die Eiweiße mit dem Salz zu flockigem Schaum schlagen und unterziehen.

5. Das Waffeleisen erhitzen und einfetten. Etwas vom zurückbehaltenen Sesam in das Eisen streuen und mit einem Eßlöffel etwas Teig in das Eisen geben. Die Form schließen und den Teig in 2–3 Minuten backen, bis die Waffeln hellbraun und knusprig sind. In derselben Weise alle Waffeln backen.

6. Die fertig gebackenen Waffeln auf einem Kuchengitter etwas abkühlen lassen. Die Waffeln schmecken prima mit Salat und Salami.

Gemüsewaffeln

Zutaten für etwa 28 Stück im Brüsseler Waffelautomaten für je 4 dünnere Waffeln:

4 Eier
150 g weiche Butter
0,1 l Milch
0,1 l Mineralwasser
1 Messerspitze Salz
200 g Weizenvollkornmehl
2 Teel. Backpulver
100 g Lauch
100 g Zwiebeln
3 Eßl. Pflanzenöl
50 g Salami, in dünnen Scheiben
1 Prise Salz
1 Prise Pfeffer, frisch gemahlen
1 Prise getrockneter Oregano
Pflanzenöl oder Butterschmalz für das Waffeleisen

Raffiniert • Für Gäste

Pro Stück etwa:
440 kJ/100 kcal
3 g Eiweiß · 8 g Fett
5 g Kohlenhydrate

- Zubereitungszeit: etwa 45 Minuten

1. Die Eier mit der Butter zusammen schaumig rühren, die Milch, das Wasser und das Salz dazugeben. Das Mehl mit dem Backpulver mischen und ebenfalls unterrühren, bis ein glatter Teig entstanden ist.

2. Den Lauch waschen und in schmale Ringe schneiden. Die Zwiebel schälen und klein würfeln. Das Öl in eine Pfanne geben und den Lauch mit der Zwiebel darin bei mittlerer Hitze etwa 3 Minuten braten.

3. Die Salami in kleine Würfelchen schneiden und mit dem Gemüse, dem Salz, dem Pfeffer und dem Oregano gründlich unter den Teig mischen.

4. Das Waffeleisen erhitzen und einfetten. Mit einem Eßlöffel den Teig in das Eisen geben und glattstreichen. Die Form schließen und den Teig in 2–3 Minuten backen, bis die Waffeln hellbraun und knusprig sind. In derselben Weise alle Waffeln backen.

5. Die fertigen Waffeln möglichst heiß servieren.

Im Bild oben: Sesamwaffeln
Im Bild unten: Gemüsewaffeln

Waffeln mit Schinken

Zutaten für etwa 70 Waffelherzen:
4 Eier
150 g weiche Butter
250 g Mehl
1 Teel. Backpulver
100 g gekochter Schinken in Scheiben
50 g roher Schinken in Scheiben
0,2 l Milch
1 Messerspitze Salz
Pflanzenöl oder Butterschmalz für das Waffeleisen

Gelingt leicht

Pro Stück etwa:
190 kJ/45 kcal
2 g Eiweiß · 3 g Fett
3 g Kohlenhydrate

- Zubereitungszeit: etwa 1 Stunde

1. Die Eier trennen, die Eigelbe mit der Butter zusammen schaumig rühren.

2. Das Mehl mit dem Backpulver mischen und über den Butterschaum sieben.

3. Die beiden Schinkensorten in kurze, schmale Streifen schneiden und mit der Milch und dem Mehl zusammen unter die Buttermasse rühren. Die Eiweiße mit dem Salz zu flockigem Schaum schlagen und unterziehen.

4. Das Waffeleisen erhitzen und einfetten. Mit einem Eßlöffel den Teig in das Eisen geben und glattstreichen. 2–3 Minuten backen, bis die Waffeln hellbraun und knusprig sind. In derselben Weise alle Waffeln backen.

5. Die fertigen Waffeln möglichst heiß servieren. Dazu paßt ein gemischter Salat.

Varianten:
Statt Schinken können Sie auch kleine Salamistücke oder klein gewürfelte Fleischwurst nehmen.

Hackfleischwaffeln

Zutaten für etwa 28 Stück im Brüsseler Waffelautomaten für je 4 dünnere Waffeln:
150 g Zwiebeln
5 Eßl. Pflanzenöl
150 g Hackfleisch, gemischt
Salz
Pfeffer, frisch gemahlen
Paprikapulver, edelsüß
2 Eier
1 Prise Salz
1/4 l Wasser
250 g Mehl
1 Teel. Backpulver
Pflanzenöl oder Butterschmalz für das Waffeleisen

Preiswert
Gelingt leicht

Pro Stück etwa:
300 kJ/71 kcal
3 g Eiweiß · 4 g Fett
6 g Kohlenhydrate

- Zubereitungszeit: etwa 45 Minuten

1. Die Zwiebeln schälen und in kleine Würfel schneiden. Das Öl erhitzen und die Zwiebeln darin bei mittlerer Hitze glasig werden lassen. Dann das Hackfleisch dazugeben und etwa 5 Minuten braten. Mit Salz, Pfeffer und Paprika pikant würzen.

2. Die Eier trennen. Die Eiweiße mit dem Salz zu flockigem Schaum schlagen.

3. Die Eigelbe und das Wasser schaumig rühren. Das Mehl mit dem Backpulver mischen und darübersieben. Mit dem Hackfleisch und zuletzt dem Eischnee unter die Eiermasse ziehen.

4. Das Waffeleisen erhitzen und einfetten. Mit einem Eßlöffel den Teig in das Eisen geben und glattstreichen. In 2–3 Minuten backen. In derselben Weise weitermachen, bis alle Waffeln fertig sind. Die fertigen Waffeln möglichst heiß servieren. Wenn Sie noch grünen Salat dazu reichen, haben Sie eine komplette Mahlzeit.

Varianten:
Sie können auch Reste von Rind- oder Schweinefleisch, in kleine Würfel geschnitten oder durch den Wolf gedreht und mit Thymian gewürzt, in den Waffelteig geben.

Im Bild oben: Waffeln mit Schinken
Im Bild unten: Hackfleischwaffeln

Käsewaffeln

Zutaten für etwa 20 Stück im Brüsseler Waffelautomaten für je 4 dünnere Waffeln:

- *4 Eier*
- *150 g weiche Butter*
- *150 g Mehl*
- *1 Teel. Backpulver*
- *50 g junger Gouda*
- *25 g Parmesan, frisch gerieben*
- *0,1 l Milch*
- *1 Messerspitze Salz*
- *Pflanzenöl oder Butterschmalz für das Waffeleisen*

Schnell • Für Ungeübte

Pro Stück etwa:
540 kJ/130 kcal
5 g Eiweiß · 10 g Fett
5 g Kohlenhydrate

- Zubereitungszeit: etwa 30 Minuten

1. Die Eier trennen, die Eigelbe mit der Butter zusammen schaumig rühren.

2. Das Mehl mit dem Backpulver mischen und über den Butterschaum sieben.

3. Den Gouda in kleine Würfel schneiden, mit dem Parmesan, der Milch und dem Mehl unter die Buttermasse rühren.

4. Die Eiweiße mit dem Salz zu flockigem Schaum schlagen und unter den Teig ziehen.

5. Das Waffeleisen erhitzen und einfetten. Mit einem Eßlöffel den Teig in das Eisen geben und glattstreichen. Die Form schließen und den Teig in 2–3 Minuten backen, bis die Waffeln hellbraun und knusprig sind. In derselben Weise alle Waffeln backen.

6. Die fertigen Waffeln auf einem Kuchengitter etwas abkühlen lassen und die überstehenden Kanten abschneiden. Wenn Sie zu den Käsewaffeln noch einen grünen Salat servieren, haben Sie eine komplette Mahlzeit.

Pizzawaffeln

Zutaten für etwa 50 Waffelherzen:

- *1/2 Würfel Hefe (21 g)*
- *1/4 l Wasser*
- *1 Teel. Zucker*
- *50 g gemischtes Gemüse der Saison, geputzt gewogen*
- *2 Teel. Olivenöl*
- *250 g Mehl*
- *3 Eier*
- *1 Messerspitze Salz*
- *100 g weiche Butter*
- *100 g Salami, in dünnen Scheiben*
- *5 grüne Oliven*
- *2 Eßl. Parmesan, frisch gerieben*
- *Pfeffer, frisch gemahlen*
- *1 Messerspitze getrockneter Oregano*
- *Pflanzenöl oder Butterschmalz für das Waffeleisen*

Braucht etwas Zeit
Raffiniert

Pro Stück etwa:
250 kJ/60 kcal
2 g Eiweiß · 4 g Fett
4 g Kohlenhydrate

- Zubereitungszeit: etwa 1 Stunde

1. Die Hefe zerbröckeln und mit dem Wasser und dem Zucker verrühren. Die Mischung dann etwa 15 Minuten warm stellen (zum Beispiel in Nähe der Heizung).

2. Das Gemüse waschen, fein schneiden und mit dem Öl in einem kleinen Topf bei mittlerer Hitze glasig dünsten.

3. Das Mehl in eine Schüssel sieben und mit den Eiern, dem Salz, der Butter und der Hefemilch zu einem dünnen Teig vermengen.

4. Die Salami in kleine Würfel schneiden. Die Oliven entsteinen und ebenfalls klein würfeln. Beides mit dem Gemüse, dem Parmesan, Pfeffer und dem Oregano zum Teig geben und alles gründlich verrühren.

5. Das Waffeleisen erhitzen und einfetten. Mit einem Eßlöffel den Teig in das Eisen geben und glattstreichen. Die Form schließen und den Teig in 2–3 Minuten backen, bis die Waffeln hellbraun und knusprig sind.

6. Die fertigen Waffeln mit einem scharfen Messer trennen und die überstehenden Kanten abschneiden. Möglichst heiß servieren. Mit einem grünen oder gemischten Salat ergeben die Pizzawaffeln eine komplette Mahlzeit.

Im Bild oben: Käsewaffeln
Im Bild unten: Pizzawaffeln

Crêpes mit Hühnchenfleisch

Zutaten für 4 Personen als Imbiß:
Für den Teig: 2 Eßl. weiche Butter
2 Eier · 1 Prise Salz
1/4 l Bier (ersatzweise Mineralwasser)
100 g Mehl · 50 g Speisestärke
Für die Füllung: 1 kleine Zwiebel
1 Eßl. Olivenöl
3 Eßl. trockener Weißwein (ersatzweise Hühnerbrühe)
250 g gegartes Hühnchenfleisch
100 g Erbsen und Möhren, gemischt, tiefgekühlt und aufgetaut
1 Eßl. Petersilie, frisch gehackt
5 Eßl. Crème fraîche · Salz
Pfeffer, frisch gemahlen
Paprikapulver, edelsüß
getrockneter Oregano
Pflanzenöl für die Crêpespfanne

Für Gäste · Gelingt leicht

Pro Portion etwa:
2200 kJ/520 kcal
24 g Eiweiß · 33 g Fett
34 g Kohlenhydrate

- Zubereitungszeit: etwa 1 1/2 Stunden (davon 1 Stunde Ruhezeit)

1. Die Butter gerade eben schmelzen und dann abkühlen lassen. Mit den Eiern, dem Salz und dem Bier schaumig schlagen. Das Mehl mit der Speisestärke mischen und darüber sieben. Alles kräftig verschlagen. Den Teig etwa 1 Stunde ruhen lassen.

2. Die Zwiebel klein würfeln. Mit dem Öl in einen Topf geben, bei mittlerer Hitze glasig werden lassen und mit dem Wein ablöschen. Das Fleisch in kleine Stücke schneiden und mit den Erbsen und den in Scheiben geschnittenen Möhren zu den Zwiebeln geben, kurz köcheln lassen.

3. Die Pfanne heiß werden lassen, leicht fetten und darin nacheinander die Crêpes backen. Zwischendurch die Pfanne immer wieder mit Öl einpinseln. Die Crêpes warm halten.

4. Die Petersilie und die Crème fraîche unter die Füllmasse rühren und diese mit Salz, Pfeffer, Paprikapulver und Oregano würzen. Die Crêpes mit dem Fleisch füllen oder dieses getrennt zu den Crêpes anrichten.

Crêpes mit Spinat

Zutaten für 4 Personen als Imbiß:
Für den Teig: 3 Eßl. Pflanzenöl
2 Eier · 1 Prise Salz
1/8 l Mineralwasser · 1/8 l Bier (ersatzweise Mineralwasser)
125 g Mehl · 2 Eßl. Speisestärke
Für die Füllung: Salz
1 kg Spinat · 1 kleine Zwiebel
2 Eßl. Olivenöl
1 Prise Muskat, frisch gerieben
Pfeffer, frisch gemahlen
40 g Parmesan, frisch gerieben
Pflanzenöl für die Crêpespfanne

Schnell • Gelingt leicht

Pro Portion etwa:
1600 kJ/380 kcal
20 g Eiweiß · 20 g Fett
30 g Kohlenhydrate

- Zubereitungszeit: etwa 1 1/2 Stunden (davon 1 Stunde Ruhezeit)

1. Das Öl mit den Eiern, dem Salz, dem Mineralwasser und dem Bier schaumig schlagen. Das Mehl mit der Speisestärke mischen, darüber sieben und dann alles kräftig verschlagen. Den Teig etwa 1 Stunde ruhen lassen.

2. Den Spinat waschen und verlesen. In einem großen Topf Wasser mit Salz aufkochen und den Spinat darin bei schwacher Hitze etwa 7 Minuten garen.

3. Den Spinat abtropfen lassen. Die Zwiebel klein würfeln. In einem Topf in dem Olivenöl glasig werden lassen. Den Spinat dazugeben und mit dem Muskat, Salz und Pfeffer würzen.

4. Die Crêpespfanne heiß werden lassen, leicht fetten und darin nacheinander die Crêpes backen. Zwischendurch die Pfanne immer wieder mit Öl einpinseln. Die Crêpes warm halten.

5. Die Crêpes mit dem Spinat füllen und die Füllung jeweils mit etwas Käse bestreuen. Die Crêpes zusammenklappen.

Im Bild oben: Crêpes mit Spinat
Im Bild unten: Crêpes mit Hühnchenfleisch

Crêpes mit Pilzen

Zutaten für 4 Personen als Imbiß:
Für den Teig:
2 Eßl. Pflanzenöl
2 Eier
1/2 Teel. Salz
1/4 l Mineralwasser
125 g Mehl
Für die Füllung:
1 kleine Zwiebel
2 Eßl. Pflanzenöl
250 g Champignons oder andere Pilze der Saison
1 Teel. Mehl
0,1 l trockener Weißwein (ersatzweise Fleischbrühe)
2 Teel. Crème fraîche
Salz
Pfeffer, frisch gemahlen
1 Eßl. Petersilie, frisch gehackt
Pflanzenöl für die Crêpespfanne

Für Gäste

Pro Portion etwa:
1300 kJ/310 kcal
12 g Eiweiß · 18 g Fett
23 g Kohlenhydrate

- Zubereitungszeit: etwa 1 1/2 Stunden (davon 1 Stunde Ruhezeit)

1. Für den Teig das Öl mit den Eiern, dem Salz und dem Mineralwasser leicht schlagen. Das Mehl darüber sieben. Den Teig nun kräftig verschlagen, damit keine Klümpchen entstehen. Der Teig soll die Konsistenz von Kaffeesahne haben. Den Teig etwa 1 Stunde ruhen lassen.

2. Inzwischen für die Füllung die Zwiebeln schälen, klein würfeln und im Öl glasig dünsten.

3. Die Pilze, nur wenn nötig, kurz überbrausen, putzen, in dünne Scheiben schneiden und mit den Zwiebeln kurz anschmoren. Die Pilze mit dem Mehl bestäuben, mit dem Wein ablöschen und etwa 10 Minuten dünsten. Die Crème fraîche dazugeben und alles mit Salz und Pfeffer würzen.

4. Die Pfanne heiß werden lassen, leicht fetten und darin nacheinander die Crêpes backen. Zwischendurch die Pfanne immer wieder mit Öl einpinseln. Die Crêpes warm halten.

5. Die Crêpes mit den Pilzen füllen, die Petersilie über die Füllung streuen, die Crêpes falten und anrichten.

Überbackene Käsecrêpes

Zutaten für 4 Personen als Imbiß:
Für den Teig:
3 Eier
3 Eßl. weiche Butter
1 Prise Salz
1/4 l Milch
150 g Mehl
50 g Speisestärke
Für die Füllung:
200 g mittelalter Gouda, frisch gerieben
50 g Parmesan, frisch gerieben
5 Eßl. Crème fraîche
1/8 l Milch
1 Messerspitze Salz
Pflanzenöl für die Crêpespfanne
Pflanzenöl für die Auflaufform

Gelingt leicht • Raffiniert

Pro Portion etwa:
3300 kJ/790 kcal
35 g Eiweiß · 54 g Fett
42 g Kohlenhydrate

- Zubereitungszeit: etwa 1 1/2 Stunden (davon 1 Stunde Ruhezeit)

1. Für den Teig die Eier mit der weichen Butter, dem Salz und der Milch leicht schlagen. Das Mehl und die Speisestärke darüber sieben und alles dann kräftig verschlagen, damit keine Klümpchen entstehen können. Der Teig muß die Konsistenz von Kaffeesahne haben.
Den Teig etwa 1 Stunde ruhen lassen.

2. Den Backofen auf 200° vorheizen. Die Pfanne heiß werden lassen, leicht fetten und darin nacheinander die Crêpes backen. Zwischendurch immer wieder die Pfanne mit Öl einpinseln. Auf jedes frisch gebackene Crêpes etwas von dem Gouda streuen, die Crêpes zusammenklappen oder -rollen und dachziegelartig in die gefettete Auflaufform legen.

3. Die Crème fraîche mit der Milch und dem Salz verrühren und um die Crêpes streichen, den Parmesan darüberstreuen und die Crêpes im Backofen (oben) etwa 10 Minuten überbacken.

Im Bild oben:
Überbackene Käsecrêpes
Im Bild unten: Crêpes mit Pilzen

Kräutercrêpes mit Paprikatomaten

Zutaten für 4 Personen als Imbiß:
Für den Teig: 2 Eier
1/2 Teel. Salz
3 Eßl. neutrales Pflanzenöl
1/4 l Bier (ersatzweise Mineralwasser)
150 g Mehl
4 Eßl. frisch gehackte Kräuter (Petersilie, Dill, Kerbel, Basilikum)
oder je 1 Teel. getrocknete Kräuter
1 Knoblauchzehe
Für die Füllung:
250 g gelbe Paprikaschoten
1/4 l Weißwein (ersatzweise Gemüsebrühe)
Pfeffer, frisch gemahlen
Paprikapulver, edelsüß
1 kleine Zwiebel · 1 Eßl. Olivenöl
240 g Tomaten (aus der Dose, abgetropft, Bruttogewicht 400 g)
Salz · Pfeffer, frisch gemahlen
2 Eßl. Speisestärke
Pflanzenöl für die Crêpespfanne

Schnell • Für Gäste

Pro Portion etwa:
1500 kJ/360 kcal
11 g Eiweiß · 13 g Fett
41 g Kohlenhydrate

- Zubereitungszeit: etwa 1 1/2 Stunden (davon 1 Stunde Ruhezeit)

1. Die Eier mit dem Salz, dem Öl und dem Bier verschlagen. Das Mehl darüber sieben, dann alles kräftig durchschlagen. Die Kräuter unter den Teig ziehen. Die Knoblauchzehe dazupressen und unterrühren. Den Teig etwa 1 Stunde ruhen lassen.

2. Die Paprikaschoten in schmale Streifen schneiden und im Wein etwa 15 Minuten dünsten. Die Zwiebel klein würfeln. Mit dem Öl in einem Pfännchen glasig werden lassen.

3. Die Paprikastreifen aus dem Wein heben. Die Tomaten in Scheiben schneiden und etwa 5 Minuten in dem Wein dünsten. Dann die Tomaten durch ein Sieb streichen, mit Salz und Pfeffer würzen. Die Speisestärke in 2 Eßlöffeln kaltem Wasser auflösen und mit den Zwiebeln und dem Paprika in das Püree rühren. Eventuell nochmal nachwürzen. Das Püree einmal aufkochen lassen.

4. Die Crêpes backen. Die Crêpes mit der Tomatenpaprikamasse füllen.

Crêpes mit Shrimps

Zutaten für 4 Personen als Imbiß:
Für den Teig: 2 Eier
2 Eßl. neutrales Pflanzenöl
1 Prise Salz · 1/8 l Milch
1/8 l Mineralwasser · 125 g Mehl
Für die Füllung: 1 kleine Zwiebel
2 Eßl. Olivenöl
1/4 l trockener Weißwein
100 g Crème fraîche · 1 Prise Salz
1 Messerspitze Currypulver
1 Bund Dill
100 g frisch gegarte Spargelspitzen (notfalls aus dem Glas)
100 g Shrimps oder Garnelen, tiefgekühlt und aufgetaut
Pflanzenöl für die Crêpespfanne

Exklusiv • Für Gäste

Pro Portion etwa:
1700 kJ/400 kcal
17 g Eiweiß · 22 g Fett
26 g Kohlenhydrate

- Zubereitungszeit: etwa 1 1/2 Stunden (davon 1 Stunde Ruhezeit)

1. Die Eier mit dem Öl, dem Salz, der Milch und dem Wasser verschlagen. Das Mehl darüber sieben und alles kräftig durchschlagen. Der Teig muß die Konsistenz von Kaffeesahne haben. Den Teig etwa 1 Stunde ruhen lassen.

2. Die Zwiebel klein würfeln, mit dem Öl in einem Pfännchen glasig werden lassen, mit 5 Eßlöffeln Wein ablöschen. Die Crème fraîche mit dem Salz und dem Curry verrühren und unterrühren. Den Dill fein hacken.

3. Den restlichen Wein in einem Topf erwärmen. Die Spargelspitzen und die Shrimps darin etwa 4 Minuten ziehen lassen, nicht kochen, dann abgießen.

4. Die Pfanne heiß werden lassen, leicht fetten und darin nacheinander die Crêpes backen. Die Crêpes mit der Crème fraîche, dem Dill, den Spargelspitzen und den Shrimps anrichten.

Bild oben: Kräutercrêpes mit Paprikatomaten
Bild unten: Crêpes mit Shrimps

Zum Gebrauch
Damit Sie Rezepte mit bestimmten Zutaten noch schneller finden können, stehen in diesem Register zusätzlich auch Hauptzutaten wie Mandeln oder Quark – ebenfalls alphabetisch geordnet und halbfett gedruckt – vor den entsprechenden Rezepten.

Auf der Umschlag-Vorderseite sehen Sie die Mandelwaffeln mit Preiselbeeren von Seite 16.

Herstellernachweise (Seite 6): Brüsseler Waffelautomat für 4 dünnere Waffeln – Bosch; »normaler« Brüsseler Waffelautomat – Grossag WAB 4181; Zimtwaffelautomat – Grossag WAZ 4182; Herzwaffelautomat – abc Typ 253.2; (Seite 7): Hörnchenautomat – Fa. Cloer Typ 635; Crêpesmaker – Schott Typ 320; Crêpespfanne – Cousances Nr. 3.

Wichtiger Hinweis

Das Backen von Waffeln und Crêpes erfordert eine Hitzequelle, die sicher aufgestellt und sorgsam beobachtet werden muß. Der Automat muß den allgemeinen Sicherheitsbedingungen entsprechen und das Kabel muß so gesichert sein, daß man nicht daran hängenbleibt. Die Hinweise zum Umgang mit dem Gerät in der Bedienungsanleitung sollten aufmerksam gelesen und befolgt werden, damit keine Unfälle oder Verletzungen vorkommen können.

CIP-Kurztitelaufnahme der Deutschen Bibliothek
Waffeln backen: schnell gerührt und frisch gebacken; knusprig und zart, süß und pikant; mit vielen Rezepten auch für Crêpes; jedes Rezept in Farbe / Bernd Schiansky. [Red.: Stephanie von Werz-Kovacs. Fotos: Odette Teubner; Kerstin Mosny]. – 2. Aufl. – München: Gräfe und Unzer, 1992
(GU-Küchen-Ratgeber)
ISBN 3-7742-1180-9

2. Auflage 1992

Redaktion:
Dr. Stephanie von Werz-Kovacs
Layout: Ludwig Kaiser
Typographie: Robert Gigler
Herstellung: Jürgen Bischoff
Fotos: Odette Teubner, Kerstin Mosny
Umschlaggestaltung: Heinz Kraxenberger
Satz: OK Satz GmbH, Gröbenzell
Reproduktionen: ORD-Repro, Gronau
Druck und Bindung: Kaufmann, Lahr
ISBN 3-7742-1180-9

Bernd Schiansky

ist Hobbybäcker aus Leidenschaft. Der in der Versicherungsbranche tätige Diplomingenieur sieht es – sehr zum Vergnügen seiner beiden Söhne – als seine Aufgabe an, sich um diesen Bereich im Hause Schiansky zu kümmern. Mit viel Kreativität entwickelt der gebürtige Starnberger seit vielen Jahren in seiner Freizeit ausgefallene Rezepte für Waffeln und Crêpes, Kuchen und Torten. Seine gelungensten Schöpfungen stellt er schon seit langem dem GU Verlag zur Verfügung.

Odette Teubner

wurde durch ihren Vater, den international bekannten Food-Fotografen Christian Teubner ausgebildet. Heute arbeitet sie ausschließlich im Studio für Lebensmittelfotografie Teubner. In ihrer Freizeit ist sie begeisterte Kinderporträtistin – mit dem eigenen Sohn als Modell.

Kerstin Mosny

besuchte eine Fachhochschule für Fotografie in der französischen Schweiz. Danach arbeitete sie als Assistentin bei verschiedenen Fotografen, unter anderem bei dem Food-Fotografen Jürgen Tapprich in Zürich. Seit März 1985 arbeitet sie im Fotostudio Teubner.